“十四五”时期国家重点出版物出版专项规划项目·重大出版工程规划
中国工程院重大咨询项目成果文库
中国工程院–国家开发银行联合项目：粤港澳大湾区科技创新
与新兴产业发展战略研究

从区域协同迈向一体化：粤港澳大湾区创新共同体的路径研究

王迎军　曾志敏　胡燕娟　著

科学出版社
北　京

内 容 简 介

本书综合研判了粤港澳大湾区发展面临的国内外形势，全面分析了大湾区建设创新共同体的机遇和挑战，提出了粤港澳大湾区创新共同体建设目标和“四步走”战略路径。同时，本书围绕跨境要素流动提出了促进粤港澳大湾区建设创新共同体的建议，包括六大举措：新型举国体制推动大湾区一体化建设、科研人才跨境协同一体化、科研经费跨境协同一体化、科研基础设施跨境开放共享、数据跨区域流动协同一体化、知识产权保护协同一体化，即紧紧围绕粤港澳大湾区领导体制、人、财、物、数据及知识产权等创新要素的跨境协同一体化来展开政策设计，以此进一步激发各类创新主体的活力，助力粤港澳大湾区建设国际科技创新中心，加快建设创新共同体。

本书适用于区域经济和科技创新领域研究及开展相关领域实务工作的读者。

图书在版编目(CIP)数据

从区域协同迈向一体化：粤港澳大湾区创新共同体的路径研究/王迎军，曾志敏，胡燕娟著. —北京：科学出版社，2022.11

“十四五”时期国家重点出版物出版专项规划项目　重大出版工程规划　中国工程院重大咨询项目成果文库

ISBN 978-7-03-073183-8

Ⅰ.①从…　Ⅱ.①王…　②曾…　③胡…　Ⅲ.①区域经济一体化－研究－广东、香港、澳门　Ⅳ.①F127.6

中国版本图书馆 CIP 数据核字（2022）第 177178 号

责任编辑：王丹妮 ／责任校对：贾伟娟
责任印制：张　伟 ／封面设计：有道设计

科学出版社出版
北京东黄城根北街 16 号
邮政编码：100717
http://www.sciencep.com

北京虎彩文化传播有限公司印刷
科学出版社发行　各地新华书店经销
*
2022 年 11 月第　一　版　开本：720 × 1000　B5
2022 年 11 月第一次印刷　印张：7
字数：190 000

定价：118.00 元

（如有印装质量问题，我社负责调换）

前　言

粤港澳大湾区是继“一带一路”倡议、京津冀协同发展、长江经济带发展之后的又一重大举措，既是新时代推动形成全面开放新格局的新尝试，也是推动“一国两制”事业发展的新实践。《粤港澳大湾区发展规划纲要》强调，“充分发挥粤港澳科技研发与产业创新优势，破除影响创新要素自由流动的瓶颈和制约，进一步激发各类创新主体活力，建成全球科技创新高地和新兴产业重要策源地”。

本书综合研判了粤港澳大湾区发展面临的国内外形势，全面分析大湾区建设创新共同体的机遇和挑战，提出了粤港澳大湾区创新共同体建设目标和“四步走”战略路径，具体而言：到 2025 年，以湾区内地单边开放推动粤港澳大湾区科技创新与新兴产业资源有效衔接；到 2030 年，在科技创新与新兴产业发展部分领域实现粤港澳三地双边开放；到 2035 年，以科技创新与新兴产业一体化为引领推动粤港澳大湾区创新共同体建设取得实质成效；到 2050 年，全面推动粤港澳大湾区经济社会的一体化，实现无边界的大湾区。

研究表明，目前大湾区人才、技术、资金、设备、信息、数据和样品等创新要素便捷流动还面临一定的体制机制壁垒和障碍。内地与港澳在知识产权保护、市场监管、科技金融、人才培养、成果转化、社会保障等方面还存在制度差异，科研资金过河、大型设备通关、人才税收差异、社保衔接等问题曾长期困扰科研机构和科技创新工作者。

基于此，本书围绕跨境要素流动来构建分析框架，并提出了促进粤港澳大湾区建设创新共同体的建议，包括六大举措：新型举国体制推动大湾区一体化建设、科研人才跨境协同一体化、科研经费跨境协同一体化、科研基础设施跨境开放共享、数据跨区域流动协同一体化、知识产权保护协同一体化，即紧紧围绕粤港澳大湾区领导体制、人、财、物、数据及知识产权等创新要素的跨境协同一体化来展开政策设计，以此进一步激发各类创新主体的活力，助力粤港澳大湾区建设国际科技创新中心，加快建设创新共同体。

未来需要继续坚持“一国”之本、善用“两制”之利，打破制度“藩篱”，实现统筹协调发展、开放包容共赢发展。国内和国际都没有先例，需要在“一国两制”框架下以更大的魄力不断创新和突破、先行示范，破除与发展不适应的体制机制障碍和法规制度束缚。大湾区的深度合作需要开展更高层面、更宽领域的改革试点，需要中央政府统筹部署和政策支持，完善顶层设计，以授权事项清单等方式支持大湾区先行先试。粤港澳三地应以粤港澳规则衔接为契机借鉴港澳甚至国际上最有利于科技创新的制度，着力增强科技创新能力，提升市场一体化水平，促进香港、澳门更好地融入国家发展大局，做大做强全国高质量发展动力源，全面推动粤港澳大湾区经济社会的一体化，实现无边界的大湾区。

目　录

第 1 章

粤港澳大湾区发展面临的国内外形势

1.1　全球环境深刻调整导致创新与产业发展不确定性增强

1.1.1　新型冠状病毒肺炎疫情加速全球产业链供应链调整

随着 20 世纪全球化浪潮的开启，全球产业整体在不同发展水平的国家之间普遍发生着梯度转移的现象。在经历了数十年的发展之后，全球产业的供应链愈发复杂，供应链的层级也不断增加。伴随着供应链螺旋上升式的发展，不同行业、不同地区形成了日益复杂的供应链体系。另外，随着全球供应链的复杂度越来越高，供应链上的节点越来越多，全球供应链也从单一的金字塔模式，逐渐转变为复杂的网状结构。特别是现如今各个国家作为供应商和消费市场的界限愈发模糊，供应商和消费者之间相互交织，在提高了经济效率的同时也使得全球供应链存在着不可预测的脆弱性。换句话说，在如此复杂的供应链网络中，链条上的任何一环断裂时，其上游和下游的供应商与消费者都不可避免地会被波及，尤其是在维持网络稳定上发挥着至关重要作用的关键节点突然抽离将会对整个全球供应链和世界经济产生严重冲击。

2020 年，一场波及全球的新型冠状病毒肺炎（简称新冠肺炎）疫情对大量全球产业链中的关键节点造成巨大影响，在对全球供应链稳定性提出巨大挑战的同时，也进一步加速了全球产业转移与供应链从分散向集中布局的调整。在这一背景下，全球供应链的构建相较于之前开始出现了以下新特点。第一，全球供应链的构建开始从成本导向转向成本与风险并举导向。建立供应链时成本不再是唯一的考虑因素，大量企业开始尝试建立一整套的风险缓释战略。第二，全球供应链布局开始从全球布局加速转向区域布局。全球生产链将向更集中、更地区化的供应链发展，以此提升供应链的系统性能力，以便更好地对冲风险。第三，全球供应链数字化进程开始加快。在全球供应链体系出现重大风险的情况下，数字化可以更为高效地帮助跨国企业及时调整供应商，以应对风险。

当前，全球制造业特别是高科技先进制造业出现回流的趋势，产业链供应链区域化、本土化的迹象日益明显，而仍未缓解的新冠肺炎疫情更为全球商品和物资的流通带来了更高的成本和种种限制。大湾区内工业门类齐全、产业链供应链完整，内地和港澳分别具备独特优势，能够形成联通国内国际双循环的重要枢纽和展示窗口。但是与此同时，大湾区也成为美国重点打击对象，从美国商务部工业与安全局列入出口管制实体清单的中国实体首要注册地址的地理分布来看，北京和广东最为集中和突出，也有大批注册于香港的高科技企业被列入美方实体清单。因此，大湾区的建设发展与我国新形势下产业链供应链安全稳定紧密相关。

1.1.2 中美矛盾上升对大湾区科技创新构成重大挑战

美国特朗普政府和拜登政府的执政政策表明，美国精英阶层已经达成一致，以中国为主要战略竞争对手，举全国之力围堵中国。科技创新俨然已成为美国遏制中国崛起的重要战场，从 2018 年制裁中兴，到 2019 年开始打压华为，再到 2021 年美国参议院通过所谓的《2021 年美国创新和竞争法案》，这意味着在相当一段时间内，中美技术脱钩都是大湾区科技创新持续面临的外部环境，美国研发、中国制造的技术和产业分工体系将继续裂变。此外，拜登政府不断试图打造基于所谓西方价值观和意识形态的“科技联盟”，联手西方盟友对华进行科技遏制。美国已经将与中国的科技创新之间的竞争进一步延伸到意识形态、政治制度和核心价值观等方面，不断加强对中国的科技围堵。

在这样的背景下，全球科技创新活动的政治化氛围愈发突出，科技创新意识形态化和“选边站”等行为严重干扰和影响了全球科技创新领域的正常合作，并会对我国及大湾区未来科技创新发展产生深远影响。科技创新领域之所以正在成为中美乃至全球战略竞争的本质性问题，其主要原因在于当今世界科技创新能力愈发成为体现国家发展能力以及国家制度乃至价值观体系优势的决定性因素。当前，中国逐步全面崛起的自主创新能力体系以及背后隐含的举国体制优势已经引起美国从精英阶层到多数普通民众的各个阶层的警觉和巨大压力感，极大地动摇了美国人对自身国家制度体制和价值观体系的信心与优势感，并激发了美国对中国的制度体系的全面敌视情绪。从中长期来看，中美未来战略竞争和博弈的重点，必将持续体现在科技创新领域的全面竞争，包括知识产权保护、技术转移、人才培养和利用、国家产业政策体系、国有企业部门（出于担心中国特色的新型举国体制）、全球创新链和价值链主导权等方面的问题。随着国际科技战愈演愈烈，我国及粤港澳大湾区实现关键技术突破、完成原始创新、加强科技自主自立自强、推动新兴产业高质量发展变得尤为迫切和关键。

1.1.3 政策规制趋紧对创新与产业发展提出新要求

科技创新在为社会发展以及人们的生产生活方式带来重大变革的同时，也伴随着全新的社会治理和社会伦理问题。通常来说，各国政府在科技创新和新兴产业发展之初并不施加过多的限制和干涉，而是任由其自由发展，典型代表如美国和中国的互联网行业，然而随着科技创新和新兴产业的日渐成熟，其暴露出的社会影响和伦理问题也在受到各国政府的持续关注。就美国而言，美国政府在 2019 年 6 月针对世界知名的四大高科技企业，苹果、谷歌、亚马逊、Facebook 正式展开反垄断调查。其中苹果公司涉嫌以其控制的 IOS 操作系统对在其上运行的应用程序非法征收所谓的苹果税；谷歌则涉嫌依靠其在搜索领域的绝对主导地位控制互联网广告并以此恶意打击竞争对手；亚马逊被质疑通过推荐算法和用户数据打压第三方卖家，推广自营品牌；而 Facebook 对 Instagram、WhatsApp 等企业的收购则被认为是对社交媒体的垄断。从中不难发现，尽管这些高科技公司通过技术创新极大地促进了社会的发展，但其利用自身科技优势对个人信息的侵犯和对数据的滥用也对社会造成了巨大负面影响，与此同时美国政府正在通过收紧相关政策以及完善法律法规等方式来应对技术创新所带来的社会问题。

除美国之外，中国和其他国家及地区在享受科技创新发展红利的同时，也关注到了技术创新对社会产生的负面影响。例如，2021 年一篇北大博士的毕业论文就引起了社会的广泛讨论，其通过实际体验外卖骑手生活的方式，深度总结了高科技企业是如何通过数据和算法来精准控制外卖骑手的劳动使企业的利益最大化，并且如何利用技术来规避原本属于企业应该承担的责任。在此背景下，中国政府也开始着手通过相关政策制定和启动反垄断调查程序来针对性地改善相关科技行业的发展环境。2021 年 4 月国家市场监督管理总局依法对阿里巴巴集团控股有限公司在中国境内网络零售平台服务市场实施“二选一”垄断行为做出 182.28 亿元的行政处罚[①]。除此之外，我国在教育培训、网络游戏等领域的严监管政策也为相关行业发展带来重大影响。粤港澳大湾区是科技创新和新兴产业发展前沿，也最直接地面临着政策监管趋严的发展形势，如何更加合规发展，处理好企业利益与公共政策和公众利益的要求，是新兴产业进一步发展壮大的前提和必然要求。

1.2　国家新发展战略凸显国际科技创新中心的重要使命

1.2.1　构建新发展格局需要大湾区发挥“桥头堡”作用

党的十九届五中全会提出，“加快构建以国内大循环为主体、国内国际双循环相互促进的新发展格局”[②]。粤港澳大湾区具备打造双循环新发展格局“桥头堡”的良

① 市场监管总局依法对阿里巴巴集团控股有限公司在中国境内网络零售平台服务市场实施“二选一”垄断行为作出行政处罚. https://baijiahao.baidu.com/s?id=1696613211342647971&wfr= spider&for=pc.

② 中共中央关于制定国民经济和社会发展第十四个五年规划和二〇三五年远景目标的建议. http://www.gov.cn/zhengce/2020-11/03/content_5556991.htm.

好基础。粤港澳大湾区人口基数庞大、内需潜力广阔、产业链条完整、基础设施完备、政策空间充足，是我国经济内循环与外循环的结合与对接区，其开放经济结构可有效降低内外对接的制度性摩擦成本。建设粤港澳大湾区能够梯度带动中国区域发展，有利于促进中国经济内外双循环互促发展，迎接外部环境变化带来的新挑战。

粤港澳大湾区具备产业链升级和强化国内大循环的独特优势。构建双循环新发展格局，深化供给侧结构性改革，着力点在于产业基础再造和产业链提升。发展好粤港澳大湾区在数字产业化和产业数字化方面的领先优势，不仅有利于保持粤港澳大湾区的经济开放性与创新力，也有利于保障极端情况下国内产业链和供应链稳定运行，稳定国内大循环。

粤港澳大湾区具备双循环新发展格局下区域协同发展的内在需求。后疫情时代，京津冀、长三角、粤港澳等重大区域在全国经济中的占比将进一步上升，但重大区域内部仍然存在着较为明显的发展不平衡现象，内部结构问题突出。在新发展格局下，粤港澳大湾区不仅将成为双循环体系的重要节点枢纽，而且将通过产业链转移、升级、重构等方式更好、更快地实现内部均衡发展。

1.2.2 科技创新在经济社会发展中的全局性作用凸显

党的十九届五中全会强调，“坚持创新在我国现代化建设全局中的核心地位，把科技自立自强作为国家发展的战略支撑，面向世界科技前沿、面向经济主战场、面向国家重大需求、面向人民生命健康，深入实施科教兴国战略、人才强国战略、创新驱动发展战略，完善国家创新体系，加快建设科技强国”。当前，新一轮科技革命和产业变革加速演变，提高我国科技创新能力的紧迫性凸显。提升自主创新能力、突破关键核心技术，是关系我国发展全局的重大问题。

科技创新肩负着国家生存发展、民族崛起振兴的使命，是推动经济社会高质量发展的重要支撑。科技创新在建设现代化经济体系中发挥着重要作用。科技创新能够改变资源组合方式，提高资源利用效率，放大生产要素效用。科技创新能培育新兴产业，建立起新技术、新产品、新服务等新优势，提高产业和产品竞争力。科技创新有助于实现产业升级，推动经济绿色和可持续发展，通过推出更多涉及民生的科技创新成果更好地满足人民对美好生活的向往。

创新是构建新发展格局的关键之举。加快科技自立自强是畅通国内大循环、塑造我国在国际大循环中主动地位的关键。只有进一步夯实创新基础，加快科技成果转化，加快推进战略性新兴产业，形成更多新的增长点、增长极，提高产业链、供应链稳定性和现代化水平，才能实现更多依靠创新驱动的内涵型增长，为国内大循环注入强劲活力。只有大力推动科技创新，加快关键核心技术攻关，塑造更多依靠创新驱动、更多发挥先发优势的引领型发展，才能把竞争和发展的主动权牢牢掌握在自己手中，重塑我国国际合作和竞争新优势。

1.2.3 “双碳”战略加速大湾区经济社会的系统性变革

“二氧化碳排放力争于2030年前达到峰值，努力争取2060年前实现碳中和”（简称“双碳”），是我国提出的两个阶段碳减排奋斗目标。实现“碳达峰”“碳中和”是一场广泛而深刻的经济社会系统性变革。我国正处于高质量发展阶段，化石能源消耗量不断增长，未来一个阶段内二氧化碳排放势必继续增长。在大量使用化石能源且能源消耗不断增长的前提下，实现“碳达峰”必须大力发展可再生能源，减少化石能源使用，实行全民总动员节能减排。而要想实现“碳中和”，还要着力开辟新的清洁能源。这一极具挑战性的目标，唯有通过减少能耗和提高效率来实现，归根到底离不开科技创新这一根本动力。实现“双碳”目标，不仅意味着颠覆性的能源革命，同时也要求进行科技革命和经济转型。

纵观人类历史，能源革命和工业革命一直交互进行。能源革命和工业革命根本上依赖于科技革命，科技创新是支撑实现“碳中和”目标的基础。要实现“双碳”目标，已有的技术体系仍有很大困难。不仅需要突破各领域众多关键技术，更需要破除各能源种类及各能源相关行业之间的壁垒，跨领域突破关键瓶颈及核心技术。因此，跨领域系统化布局双碳科技创新不仅是发展的要求，也有巨大的空间，必将带来巨大的发展驱动力，并改善总体的节能减排效果。

作为中国开放程度最高、经济活力最强的区域之一，粤港澳大湾区有必要也有条件在实现“双碳”战略目标方面先行示范，做好经济与绿色发展深度融合的区域典范。大湾区在探索实现“碳达峰”“碳中和”的路径上，具有较好的产业基础和实践经验。无论是基础研究、行业标准制定，还是对全球市场的引领，都有较强优势。大湾区应充分发挥这些基础性的优势，推动科技创新和产业向中高端跃迁，推动单位GDP能源强度大幅降低、清洁能源比例明显提高、能源价格成本持续降低，实现全国“碳达峰”“碳中和”示范引领。

1.3 区域竞争发展和大湾区城市竞合不断形塑发展新格局

1.3.1 区域发展战略深刻影响区域间竞争与合作关系

全面推进区域高质量发展，构建适应高质量发展需要的区域协调发展新格局，是我国经济社会发展的重大国家战略。长期以来，我国的区域发展战略展现出两条主线：一条主线是以中心城市带动大都市群的发展，以大都市群的发展带动区域经济的协调发展；另一条主线是各大区发展板块，各大都市群之间的相互匹配、相互呼应及战略分工和协调关系。当前我国已经形成完整的区域发展战略，包括京津冀协同发展、粤港澳大湾区建设、长三角一体化发展、长江经济带、成渝地区双城经济圈等，这些区域发展战略构成了我国社会经济发展的主要空间支撑和框架。

在区域协调发展格局下，各重大发展区域战略重点突出，彼此呼应。长三角的重点在于更高质量一体化发展和协同创新。京津冀协同发展战略的重点在于加快北京非首都核心功能转移，解决北京大都市病，推动京津冀地区的发展更加协调和均衡。粤港澳大湾区发展战略的重点是粤港澳地区之间的融合发展，形成我国参与经济全球化竞争的发动机和增长极，同时向南辐射南海和东南亚地区，助推我国的“一带一路”建设。

习近平指出，“新形势下促进区域协调发展，总的思路是：按照客观经济规律调整完善区域政策体系，发挥各地区比较优势，促进各类要素合理流动和高效集聚，增强创新发展动力，加快构建高质量发展的动力系统，增强中心城市和城市群等经济发展优势区域的经济和人口承载能力，增强其他地区在保障粮食安全、生态安全、边疆安全等方面的功能，形成优势互补、高质量发展的区域经济布局”。[①]不同区域之间在实现各自战略重点的同时，会对科技资源、高科技企业、科技创新人才等创新要素有共同的需求，因此一定程度上的竞争不可避免。大湾区是我国经济最开放、最活跃的地方之一，但在资源汇聚能力、科研机构数量、金融竞争力、独角兽企业数量、科技创新人才吸引力方面与北京和上海尚有一定的差距，如何充分发挥内地及港澳优势、加速内部开放与融合，是大湾区在未来引领区域科技创新和新兴产业发展与竞争的关键。

1.3.2 香港宪制新秩序为大湾区发展带来稳定保障

2019 年香港修例风波破坏了香港社会秩序[②]。香港社会动荡不安，影响到了香港科技创新发展，影响了投资者的信心，令科技创新和新兴产业发展动能大大下降。2020 年 6 月 30 日，全国人大常委会表决通过了《中华人民共和国香港特别行政区维护国家安全法》（简称香港国安法）。香港国安法的实施对于维护国家主权、安全，维护香港长治久安和长期繁荣稳定，具有十分重要而深远的意义，是香港的定海神针。截至 2022 年初，香港国安法已经公布实施一年半，对鼓吹港独及勾结外部势力的人已经产生极强的震慑作用，社会恢复平静，反对派相关行动和言论已大为收敛，同时早前外媒鼓吹的香港的独立关税区地位不保的不利情形也并未出现。

稳定、和平的土壤是科技创新与新兴产业发展的基本条件。香港由乱转治、

① 习近平：推动形成优势互补高质量发展的区域经济布局. http://www.gov.cn/xinwen/2019-12/15/content_5461353.htm.

② 特稿：修例风波中暴力乱港实录. http://www.xinhuanet.com/2019-08/15/c_1124881494.htm.

重回正轨，科技创新工作也得以正常开展。在国家安全和政权安全得到保障后，香港可以更好地融入国家发展大局，依托中央支持以及“一国两制”独特优势，继续以香港所长贡献国家所需，并在科技创新方面成就令人振奋的新事业。香港特区政府正持续推动科技创新发展，并积极推进香港融入粤港澳大湾区。2021 年 4 月香港特区行政长官林郑月娥表示，香港要全方位推动创科发展，必须要善用与邻近的深圳以及粤港澳大湾区其他城市的协同效应①。她曾在 2020 年施政报告中提出，香港与深圳在科技创新上“强强联手”，合作建设粤港澳大湾区国际科技创新中心。

与此同时，香港国安法也对香港的爱国人士形成更大的推力，让原本愿意与内地合作的科研机构和科研人员的合作意愿更为坚定。目前，香港特区政府正全力推进位于落马洲河套地区的港深创新及科技园（港深创科园）建设，并将与深圳河对岸的深圳科创园区共同组成“深港科技创新合作区”。港深正共同研究制定港深双方园区的联合政策包，探索提供科研资源、资金及出入境等方面的便利流动及支援措施，携手为合作区引入科研机构和人才。这表明，在香港局势已越来越稳定的情况下，香港融入大湾区、与内地进行科技创新合作的意愿和步伐将不断加快。

1.3.3　澳珠区域统筹发展将成为大湾区新引擎

破解大湾区区域发展不均衡难题，增强珠澳极点辐射带动能力是重要一环。习近平在深圳经济特区建立 40 周年庆祝大会上发表重要讲话时专门指出“加快横琴粤澳深度合作区建设”②。2021 年 3 月，广东省发布《关于支持珠海建设新时代中国特色社会主义现代化国际化经济特区的意见》，从全力建设横琴粤澳深度合作区、深化珠海与澳门合作、提升澳珠极点辐射带动能力等三个方面，对推动形成澳珠全方位合作新局面提出了新的要求。在国家与广东省的支持下和多年携手的基础上，澳珠合作正驶入快车道，澳珠区域统筹发展迎来破局。

以旅游博彩业为主的澳门经济，产业结构单一，受土地面积狭小限制，产业扩展空间有限。而面积较大、开发较少的横琴岛背靠珠江西岸和内地市场，为澳门产业多元发展提供了承接空间，资源优化配置后迸发出强大的发展动能。珠海和澳门以横琴作为重要载体和平台，以制度创新为突破口，通过实施跨境办公、跨境通勤、跨境创业等创新举措，大力发挥粤澳合作产业园、粤澳合作中医药科

---

① 林郑月娥：香港创科发展要与深圳发挥协同效应. https://m.gmw.cn/baijia/2021-04/08/1302217425.html.

② 习近平：在深圳经济特区建立 40 周年庆祝大会上的讲话. http://politics.people.com.cn/n1/2020/1014/c1024-31891741.html.

技产业园、横琴·澳门青年创业谷等平台作用。制度创新方面，珠海推动建筑师、律师、导游、医师、社工等港澳专业人士跨境执业，携手澳门共建了跨境仲裁合作平台，全国首创跨境人民币全程电子缴税、开创了行政审批服务网上“跨境通办”等。制度创新对于打破两地不同制度、关税区的限制，破除市场壁垒，推动生产要素高效、便捷流动，让人流、物流、资金流、信息流更加畅通无阻，发挥了至关重要的作用。

澳珠实施的系列创新举措不仅为共建澳珠极点提供了有力支撑，也为区域协同科技创新提供了良好的环境。澳珠协同创新的热潮已经涌起，澳珠两地在科技项目落地、科技要素流动、科技平台建设、科技人才吸引等方面出政策、优服务，推动澳珠科技创新合作迈上新的台阶。2019 年，澳门大学、澳门科技大学现有的四所国家重点实验室均在横琴设立分部；珠海澳大科技研究院依托澳门大学国家重点实验室及优势学科资源，与珠海市一微半导体股份有限公司等珠海知名企业，联合申报并获批多个科学技术部（简称科技部）国家重点研发计划项目；横琴先进智能计算平台（又称横琴人工智能超算中心）于 2020 年正式投入使用。澳珠统筹发展必将大大推动珠江口西岸都市圈崛起，为科技创新和新兴产业发展提供新动能和广阔空间。

第 2 章

创新共同体的内涵、框架与建设的机遇和挑战

2.1 创新共同体的概念内涵

粤港澳大湾区是中央层面谋划、部署和推动的国家级战略，旨在充分发挥区域优势，深化粤港澳合作，推进湾区建设，高水平参与国际合作。合作是湾区的主旋律，但是合作的核心要义是什么？从国家发展和改革委员会（简称国家发展改革委）、广东省人民政府、港澳特区政府合作签署的《深化粤港澳合作 推进大湾区建设框架协议》这份指引性的纲领文件中可以看出，创新是合作的灵魂，是核心要义。之后中共中央、国务院印发的《粤港澳大湾区发展规划纲要》更是明确提出“构建开放型区域协同创新共同体”①。

创新共同体的研究正日益受到重视，在文件和报告中出现的频率也越来越高。然而，什么是创新共同体？与其他理论和共同体相比，创新共同体具有哪些特定的内涵与要素？如何定义与测度？如何保持增量运行？这些问题仍然没有足够的答案。研究以此为出发点，从创新共同体的概念入手，着重讨论创新共同体的框架模式，进而结合粤港澳大湾区的实际情况，分析粤港澳大湾区构建创新共同体的当前障碍和未来路径，为大湾区创新共同体的建设提供启示。

创新共同体是一个基于粤港澳产业转型实践和未来发展空间提出的战略构想。现有研究存在一定的滞后性，更多集中在创新共同体这一基础概念上。但是，这些前期研究为我们定义和理解创新共同体提供了有益的积累和视角。

最早，学者从组织参与的角度定义创新共同体，指出技术商业化的过程中涉及一系列直接或间接参与的组织，这些组织根植于特定的制度环境相互作用和影响，从而形成市场和非市场的关系，因此需要在广义的框架下研究创新实现所需

① 中共中央 国务院印发《粤港澳大湾区发展规划纲要》. http://www.gov.cn/zhengce/2019-02/18/content_5366593.htm#1.

要的功能和制度安排，由此产生了“创新共同体”这一新概念。创新共同体由根植于密集社会经济关系网络的交互人群所构成，关注参与成员之间的互动关系以及新技术与创新共同体的相互推动作用。①

随着认识的深入，学者对“创新共同体”展开了更加深入的研究。如 Nordic Innovatio 在 2012 年的《创新共同体：信任、互相学习与行动》报告中指出，在创新共同体中，具有较高技能的群体定期聚集来学习和分享针对创新与创业管理问题的洞见。创新共同体具有 4 个典型特点：围绕着学习和能力构建、以行动为导向、有明确的领导者进行组织和管理、强调分享和相互学习。创新共同体致力于构建跨越边界的联系。创新共同体的成功与否难以预测，但信任无疑是最重要的因素之一。Raunio 等提出了包容性创新共同体概念，强调从全球知识池中配置专业、文化和社会知识的能力。创新共同体的目的是产生创新、支持特定的创新过程。跨越正式边界的共同体是一个重要的集成平台。创新共同体依据知识价值链的三个不同阶段（知识生产、应用和商业化），可以区分为四类：与创新过程直接相关的创新共同体，包括知识产生共同体和知识应用共同体；对创新过程产生影响的创新相关共同体，包括支持性的专业和商务共同体、社会文化驱动共同体。从而，制定创新政策的挑战在于对各类创新共同体的识别并提供政策措施来支持创新实践。②

综上可见，创新共同体来源于创新发起者、拥护者及其所构成的社会网络，是产生和支持创新思想的保障，致力于支持创新实践。根据相关文献研究内容，我们认为，创新共同体是基于一定的政治、经济、社会、文化等基础，以共同的创新远景和目标为导向，以快速流动和充分共享的创新资源以及高效、顺畅的运行机制为基础，多个行为主体通过相互学习和开放共享积极开展创新交互与协同合作，推动个体成员创新能力的增强以及区域创新绩效与竞争力和影响力整体提升的特定的创新组织模式。

创新共同体在实践中是一种区域发展战略，我国最早提出这一设想是在京津冀城市群和长三角城市群的发展规划纲要之中，随着经济发展进入新常态，迫切需要通过协同创新和创新共同体实现经济增长、产业转型与能力提升的目标。相较于京津冀城市群和长三角城市群的区域创新，粤港澳大湾区构建创新共同体是国家基于粤港澳实践，立足于“一带一路”的国际背景，对接国际湾区和优质城市群，所提出的进一步深化考量的前瞻性区域发展战略。这一概念不同于京津冀和长三角城市群的“区域创新共同体”，增加“开放型”这一特色，更加符合大湾区自身的特色和定位。

① Lynn L H, Reddy N M, Aram J D. 1996.Linking technology and institutions: the innovation community framework. Research Policy, 25(1): 91-106.

② Raunio M, Kautonen M, Mustikkamäki N, et al. 2014. Inclusive innovation communities linking Finnish economy with global talent pool. Tekes Policy brief.

首先，珠三角是内地对外开放程度最高的地区之一，形成了外向型的经济发展模式，随着内地企业国际投资的增加和“一带一路”建设，港澳必将成为服务内地“引进来”和“走出去”的双向交流平台，发挥独特作用。广东在对外开放方面一直是国家的排头兵，未来要进一步发挥排头兵的作用，扩大对外开放的相对优势，深化开放水平，携手港澳打造中国高水平参与国际经济竞争、国际经贸合作和国际经济治理的新平台，在国家新一轮改革开放中发挥引领作用。其次，开放型创新理论成为国际科技革命浪潮下引领企业创新的新理论。开放型创新理论强调企业资源的开放共享，强调企业对外部资源的有效利用，通过利用内部和外部有价值的知识、资源、要素来加快内部创新，并且利用外部的创新来扩展市场。当前华为、谷歌等科技企业的拓展正是利用开放型创新打造核心竞争力的典范。

2.2　创新共同体的基本框架

1. 共同目标

粤港澳大湾区构建创新共同体的首要前提是共同的目标。创新共同体目标的建立往往植根于共同的价值观，以及对创新理念、分享精神、互利共赢、区域协同的认同和追求。共同体中的每一成员所追求的不单单是个体和短期利益诉求，而是共同的价值观、目标和长期利益诉求。这种目标必须获得成员的认可和信任，才能真正有效推动创新共同体的长期发展和竞争力提升。

2. 创新资源

创新不是灵光一闪、凭空出现的，需要坚实的资源基础、长期的知识积累、持续的人员努力才能实现。在创新共同体中，人才、知识、技术、资金、信息等每种资源承担着不同的功能。人才作为第一生产力是知识创新和技术创新乃至制度创新的根本源头；知识和技术是产生创新成果、实现创新功能的起点和原动力；资金是创新发生的必备资源和助推器；信息则是新科技革命背景下创新发生的加速器和催化剂。这些创新资源是创新共同体的能量，是共同体得以运转的重要物质保障。

3. 参与主体

创新共同体必须具有多元参与主体。共同体能够最大范围地吸引具有创新能力的主体参与，包括政府、企业、研究机构、社会组织等各类机构，科技公司、投资公司、担保公司等各类企业，以及创新联盟、行业协会等各类创新平台与载体。在创新活动中所有涉及的组织和个人都可以参与到创新共同体中。主体活跃度是创新共同体的重要衡量标准，是保证创新功能运转与发挥的重要保障。

4. 流通渠道

人才、技术、资金、信息等各类创新资源和要素在统一市场上，基于市场在资源配置中的决定作用，自由流动、高效配置，并通过参与主体和要素的有机结合与充分互动完成创新实践。创新共同体的紧密程度取决于成员间的互动频率与合作密度。创新要素之间的流通渠道和交流平台至关重要。粤港澳区域是我国创新资源最富集、开放程度最高的地区之一，但是资源分布不均，要素流动不畅，资金、设备、人员在港澳和内地之间流动受限，不利于港澳更好地融入国家发展大局。

5. 运行机制

创新共同体的高效运转需要相应的体制机制的支撑。创新实现离不开多活动、多主体、多功能和多方贡献，涉及一系列的协调工作，对创新共同体的运行形成较大挑战。具体来说，创新共同体运行中的体制机制包括：驱动机制、运行机制和保障机制。驱动机制是创新共同体最前端的影响因素，是诱发创新共同体的关键环节，涉及外部宏观环境、政府引导政策、市场需求等外部驱动力，以及利益共享、发展需求、组织文化等内部驱动力。运行机制涉及创新各参与主体和参与要素在创新活动过程中的相互联系和作用方式。保障机制是保证协同创新活动正常运行和发展的动力机能，对创新共同体发挥重要的支撑作用。

6. 形成基础

创新共同体的形成需要一定的基础，包括认知基础、组织基础、社会基础和制度基础。与一般的创新活动及创新合作形成不同的是，创新共同体更加强调制度基础中的软性因素的作用，即文化习惯和价值观。共同的语言和习惯有助于创新共同体内部达成一致目标，为交互学习和创新协作提供稳定的条件。从人口组成来看，粤港澳大湾区属于粤语文化区，是境外移民最集中的地区之一，为创新共同体的构建提供了得天独厚的优势。

2.3 大湾区创新共同体建设的机遇和挑战

2.3.1 大湾区建设创新共同体的机遇

1. 政策优势

粤港澳发展前景广阔，在中央政府和地方政府的支持下具备得天独厚的政策优势，承载多项国家战略，是对外开放的窗口，也是“一带一路”的关键节点，更是我国自贸区战略先行试验区。自21世纪初，从中央到地方，有关粤港澳地区合作发展的政策陆续出台，2003年《内地与香港关于建立更紧密经贸关系的安排》及后期补充协议的签署为粤港澳三地合作打下了基础；2008年国务院批复的广东省《珠江三角洲地区改革发展规划纲要（2008—2020年）》促进了珠三角区域经济发展，为珠三角区域上升为粤港澳大湾区奠定基石。《泛珠三角区域合作框架协议》为粤港澳大湾区发展提供了广阔的腹地，扩展了湾区的辐射范围和带动力。至2019年初中共中央、国务院印发的《粤港澳大湾区发展规划纲要》，2019年7月广东省推进粤港澳大湾区建设领导小组印发《广东省推进粤港澳大湾区建设三年行动计划（2018—2020年）》，支持政策层层推进，政策实施细则陆续出台。

2. 制度优势

一个国家、两种制度、三个关税区、四个核心城市，构成了粤港澳大湾区的独特格局。香港和澳门特别行政区，改革开放经济特区深圳，自由贸易试验区广东，在制度创新方面走在全国前列。香港和澳门作为特别行政区，实行资本主义制度，经济政策自由、金融市场开放、出入境开放简易、与国际市场接轨。内地与香港在金融、贸易和竞争力等方面存在差距，可以借助香港国际金融中心的平台，逐步拓宽投资领域。深圳作为改革开放经济特区，在全国率先探索建立社会主义市场经济体制，同时享有经济特区立法权，为改革开放提供法律保障。粤港澳大湾区是一个前所未有的尝试，旨在探索建立适应新时期的市场经济体制，深圳经济特区独特的制度优势能够从体制层面提供保障和调适性，为湾区构建开放型经济新体制提供支撑。此外，中国（广东）自由贸易试验区的先行先试经验可以为湾区合作提供制度创新经验，逐步复制推广到其他地区。

3. 区位及腹地优势

粤港澳大湾区位于我国东南沿海，具有漫长的海岸线，优良的港口，广阔的海域面积与森林植被等自然禀赋，背靠内陆，面向南海，连接港澳，濒临全球黄金航道，处于丝绸之路经济带和海上丝绸之路的交汇地带，拥有世界上最大的海港群、空港群以及便捷的交通网络。同时，泛珠三角区域（福建、广东、广西、贵州、海南、湖南、江西、四川、云南、香港和澳门特别行政区）作为粤港澳大湾区的腹地，覆盖中国1/5的土地面积，经济实力雄厚，资源产业优势互补，能够为大湾区提供优质的人力资源和资金支持，承接产业转移。

4. 经济优势

粤港澳大湾区积累了一定的经济发展能量，改革开放的排头兵广东和国际金融中心香港为粤港澳大湾区提供了扎实的经济发展基础。根据统计，2017年粤港澳大湾区的GDP约有10万亿元人民币，以不到全国0.6%的土地和不到5%的人口，创造了全国约13%的经济总量。与同类世界级湾区相比，粤港澳大湾区也具备相匹配的经济总量，占地面积超过东京、纽约和旧金山湾区面积的总和，港口吞吐量傲居世界第一，同时其人口年龄结构相对较轻，劳动力人口比重高，具有可持续发展的人口动力优势。另外，湾区建设需要投资的“引进来”和“走出去”，参与国际竞争，香港作为中国内地的“联系人”，先天具备了服务湾区“引进来”和“走出去”的战略条件。

5. 产业优势

粤港澳大湾区既有传统的制造业、服务业，也有强劲的高科技产业支撑。2017年，广东科学研究与试验发展经费投入达2343.63亿元人民币，其注入总额连续两年居全国首位，行业从业人员有87.99万人次，位列全国第一。其中，深圳“平均一天48件发明专利”的新深圳速度，更是证明了深圳拥有的创新实力。香港的金融贸易、澳门的博彩文娱、深圳的高科技、东莞的制造业、广州的物流都具备明显优势，每一地域分工明确，联系紧密，内部均衡，使之拥有成为世界湾区的潜力。

6. 国际合作优势

粤港澳大湾区国际化水平领先，粤籍华人华侨影响力大，同时还拥有与英语系、葡语系国家的文化纽带。这些都为粤港澳大湾区融入国际环境、参与国际合作提供了无可比拟的优势。与国内其他城市群相比，粤港澳大湾区的国际化水平在全国位列第一。香港是世界上开放度很高的自由港，金融服务影响力强，深圳是第一批改革开放的城市，最具创新活力，形成独特的对外开放体制，广东自由贸易试验区的建立又将进一步提升湾区的国际化水平。而且，东南亚是华人华侨最大的集聚区，从华人华侨的祖籍看，广东籍的华侨华人最多，他们与当地居民及国家的良好关系，降低了东南亚国家对粤港澳大湾区的民意障碍，还能减少贸易摩擦，助力湾区在东南亚国家和地区实现“走出去”的目标，支撑“一带一路”倡议。同时，香港、澳门与英语系、葡语系国家的文化纽带，有助于粤港澳大湾区加强与英语系、葡语系国家的联系，深化贸易合作。

2.3.2 大湾区建设创新共同体的挑战

1. 生产要素流通不畅

局限于粤港澳三地的监管制度和产业政策差异，生产要素无法在三地之间自由流动。行业准入门槛差异、检验检疫标准不同、关税制度区别等都为生产要素的充分流通设置了巨大屏障。比如，大湾区的居民不能自由往来，需要办理通行证才能往来，且往来次数有限；港澳部分服务产业不对内地开放，也不允许持有内地执照的专业人员在香港、澳门提供服务；内地许多商品由于检疫标准差异难以流向香港。另外，由于内地严格的外汇管制，限制了三地资金的自由往来，增加了资金流动的流程和成本。

2. 基础设施互联互通程度低

一方面，出于信息安全的考虑，广东和港澳在电信与互联网领域的基础设施尚未共享开放，不仅港澳的居民难以登陆内地重要网站获取准确信息，内地居民也无法获取港澳的网上信息。数据传输体系不发达，传输效率低。另一方面，粤港澳三地交通体系还未全面对接，虽然广深港高铁的开通推进了交通互联，但是交通基础还需要进一步完善，多项重大工程项目尚未完工，处于拖延甚至搁置状态。能够自由往来三地的机动车数量有限，导致通关口岸人员拥挤，形成安全隐患。此外，香港拥有多所一流大学，广州拥有多所一流高校，深圳拥有多家高科技企业，但这些创新要素未能产生叠加效应，投入大量资金建设的科研基础设施彼此孤立，难以共享互通。

3. 区域发展不平衡

粤港澳三地的经济合作一直在持续推进，但由于缺乏顶层设计以及内部竞争，城市之间产业合作不协调，区域发展不平衡的情况仍然突出。与国际上成功的城市群相比，城市人口与经济规模、产业结构多样化、城市功能有序分工等方面仍存在改善空间。湾区第三产业比重为 60%，核心竞争力不强，处于全球产业价值链中低端的产业比重高，先进制造业和创新产业占比较低。区域内部重复建设、产业重合程度较高的现象突出。产业合作方面，与香港的合作多表现在前海深港的现代服务业，合作产业大部分为金融、贸易和物流业，与澳门的产业合作局限在旅游业的单项投资，多元化发展和合作仍有较大的拓展空间。同时，粤港澳经济面临双重转型压力，港澳经济收入结构矛盾突出，市场消费疲软，经济发展动力不足；珠三角正在经历从中等收入向高收入转型的困扰，转型之路仍不清晰。需要进一步提升合作水平，共同规划未来发展的重要性日益凸显。

第 3 章

粤港澳大湾区创新共同体建设目标和路径

3.1 粤港澳大湾区创新共同体建设需求

2019 年 2 月，中共中央、国务院印发了《粤港澳大湾区发展规划纲要》。创新、科技、发展与合作等词在《粤港澳大湾区发展规划纲要》中频现，政府政策的红利将充分激发科技业界发挥粤港澳科技与产业优势，促进创新要素自由流动，进一步激发各类创新主体的活力，助力粤港澳大湾区建设国际科技创新中心，打造开放型区域协同创新共同体。

建设国际科技创新中心，打造区域创新共同体，是实现大湾区高质量发展的一项关键工作。而做好这项工作，既需要发挥好粤港澳三地已具备的创新优势，同时也要看到不足，积极开展合作，加强互动，尽快补足短板。这样才能让大湾区今后的发展，创新底气更足、创新氛围更好。

大湾区创新要素集聚、吸引力强，这是建设国际科技创新中心，打造开放型区域协同创新共同体的坚实基础。其中，港澳在高等教育和部分基础研究领域已经达到相当高的水平，有些在全球也是领先的。而珠三角九市近年来在产业创新以及教育和科研上都实现了快速发展，是广东创新创业的主战场，也是全国创新创业最活跃的地区之一。2017 年和 2018 年广东区域创新能力连续两年排名全国第一，更说明了珠三角在全国产业创新领域的突出地位。

当然，也要看到粤港澳大湾区在创新实力上大而不强的局面还没有根本改变，还存在着一些明显的短板，对贯彻实施创新驱动发展战略还有做得不到位的地方。香港和澳门虽在教育、科研和金融实力上较强，但产业创新能力弱的短板较为突出。珠三角地区在创新上的短板是多方面的，除了教育和基础研究上需尽快提升水平，在产业创新领域也有许多短板亟须弥补，如存在关键技术、高端材料、核心设备受制于国外，专业开发人才不足等问题。

深入分析就会发现，大湾区的一些创新短板是有深层次原因的，如创新投入不足。考虑到珠三角在广东创新中的突出地位，除了深圳外，珠三角其他城市都需要加大创新投入。再如，基础研究得不到重视，这与广东特别是珠三角地区长期注重能直接带来经济效益的技术创新，对基础研究成果关注度不高有一定的关系。近年来，随着广东许多领域产业技术进步逐渐走向全国甚至是全球前沿领域，基础研究不发达，不能对产业技术进步提供有力支撑的问题日益突出。

建设具有全球影响力的国际科技创新中心，需要粤港澳三地共同努力，开展合作，在发挥各自优势的同时，从大湾区开放型区域协同创新共同体的角度，找到一些从更深层次消除各自短板的新方法。如珠三角地区在加快提升高等教育和基础研究水平、提高创新投入等方面，除了靠自身力量外，还需要努力借助港澳力量。与此同时，港澳在产业创新领域的短板，也需要更多借助珠三角产业创新的力量。深化粤港澳创新合作，构建开放型融合发展的区域协同创新共同体，三地都要按照《粤港澳大湾区发展规划纲要》所要求的，在破除影响创新要素自由流动的瓶颈和制约，进一步激发各类创新主体活力上进行体制创新。

一旦粤港澳三地将各自的教育、科研、产业、金融、知识产权保护等方面的优势很好地融合起来，形成紧密的协同创新共同体，三地既有的创新短板将会被极大消除，大湾区创新发展的优势将进一步凸显，大湾区也将真正成为全球科技创新高地和新兴产业重要的策源地。

3.2　粤港澳大湾区一体化发展的战略目标

随着经济的持续快速发展，我国在全球经济格局中正在扮演越来越关键的角色，并日益成为世界经济体系中掌握话语权的核心国家。与此同时，进入新常态的中国经济也迫切需要发掘经济增长新动能、培育经济发展新引擎。总体而言，复杂的外部环境、迫切的内部需求和优越的自身条件决定了大湾区必然成为这一新引擎的不二选择。

从外部环境来看，当今世界经济形势正在发生深刻的变化，要求我国必须尽快实现经济的转型升级；从迫切的内部需求来看，中国原来的经济粗放发展的模式已经难以为继，迫切需要由高速增长阶段转向高质量发展阶段；从自身条件来看，粤港澳大湾区始终是全国改革开放的排头兵和创新发展的先行者，本地区的战略地位、历史经验和资源禀赋决定了粤港澳大湾区必须承担起促进国家经济发展转型的新引擎这一历史使命。

目前，中国正处于由经济大国转变为经济强国的关键时期，谋求重新回到世界经济中心的位置，这要求中国在发展理念、开放程度、生产技术、产业模式等各个维度都由跟随者转变为引领者。要实现国家成为国际经济新一轮竞争的佼佼者这一战略目标，在区域经济层面就需要构造新的空间引擎。而粤港澳大湾区作为中国跟世界连接最为紧密的经济强区必然承担这一重任。粤港澳大湾区城市群不仅要在经济总量上赶超东京、纽约、伦敦、旧金山等世界级湾区，更要在核心竞争力、对周边区域的辐射力、对世界经济的影响力等方面赶超其他湾区，力争成为中国参与全球经济发展竞争的“急先锋”。①

大湾区要成为助力国家参与国际竞争的新枢纽就必须同“一带一路”倡议积极对接。丝绸之路经济带倡议涵盖东南亚经济整合、东北亚经济整合，并最终融合在一起通向欧洲，形成欧亚大陆经济整合的大趋势。21 世纪海上丝绸之路经济带倡议从海上联通欧亚非三个大陆和丝绸之路经济带倡议形成一个海上、陆地的闭环。截至 2022 年 3 月 23 日，中国已经同 149 个国家和 32 个国际组织签署 200 余份共建“一带一路”合作文件②，“一带一路”覆盖区域内人口众多，发展潜力巨大。

“一带一路”倡议是中国在未来很长一段时期内与世界各国共同推进经济合作发展、共商共建、利益共享的重大举措，是新时期中国更高水平的对外开放重要平台。③在国家战略层面上，粤港澳大湾区已经成为 21 世纪海上丝绸之路的战略要冲，是通往东南亚、南亚、中东、欧洲“一带一路”沿线国家的必经之地。深入对接“一带一路”建设，有助于推动粤港澳大湾区产业转型升级和协作水平提高，也是大湾区迈向世界经济舞台中心的千载难逢的历史机遇。

3.3 粤港澳大湾区创新共同体的建设路径

3.3.1 基本思路

长期以来，由于粤港澳三地经济体系、法律体系和行政体系的差异，生产要素、人员、资金等各类要素仍然难以实现完全自由流动，科创研发与产业布局领域存在不同程度的同质化竞争和资源错配现象，广、深、港三地“龙头之争”有愈演愈烈的趋势，地方本位与制度壁垒导致湾区城市资源整合的一体化进程缓慢。以开展科技创新区域合作为突破点，加快构建区域协同创新体系，聚力打造国际科技创新中心，是当前对粤港澳大湾区城市群融合发展进行破题的着力方向，是一项阻力较小且更为务实的增量改革。科技创新区域合作之所以能成为打破粤港澳协同不足局面的重要抓手，在于它主要是以企业和科研机构为主体的合作，可以避免意识形态、政治制度、行政体制等因素的过多影响。事实上，从利益需求

① 覃成林，刘丽玲，覃文昊. 2017. 粤港澳区城市群发展战略思考. 区域经济评论，(5)：113-118.

② 已同中国签订共建“一带一路”合作文件的国家一览. https://www.yidaiyilu.gov.cn/xwzx/roll/77298.htm.

③ 夏先良. 2017.开创世界经济开放、包容和可持续发展新局面——“一带一路”的划时代战略意义. 人民论坛·学术前沿，(9)：6-20.

看，科技创新驱动下的创新型经济契合当前湾区主要核心城市发展的共同目标，随着《广深科技创新走廊规划》加快实施，港深交界落马洲河套地区的“港深创新及科技园”以及前海、南沙、横琴等粤港澳重大合作平台加快建设，大湾区城市群协同创新发展格局已初步形成。

1. 围绕协调发展理念，强化顶层设计

中国经济正在经历要素驱动向创新驱动、高速增长向高质量发展的历史转变。创新是助推经济发展的驱动器。深化粤港澳大湾区科技合作，构建创新共同体，形成国际化的创新体系是湾区经济转型和发展的必由之路。创新从不是一个孤立的概念，往往趋于集群、成簇发生。创新共同体是创新集群的发展走向和最终表现，不单单是一个平面的概念，是承担着显示功能，通过制度设计和管理运行实现区域经济协同发展的实体。

建设创新共同体，需要打造与国际对接的创新环境，吸引高端创新要素，形成开放的科技创新领域；需要充分整合粤港澳三地的科技创新要素，发挥香港、广州、深圳、澳门核心城市的带动作用，实现城市群的发展功能转换和高质量发展，共享科技创新成果。第一，以珠三角东岸高科技产业为依托，以香港、深圳、广州、澳门为核心，建设基础研究、应用研究、成果转化与产品开发相结合的一体化创新体系。第二，以珠三角九个城市的国际级产业园区为依托和节点，承接核心城市的科技辐射和技术转移，建立大湾区高科技产业带。第三，夯实和发挥大湾区教育创新集群的作用。香港拥有多所世界级高校，培养了大批高科技人才，这些高校的科研实力是科技创新的源泉和基础。当前许多科技创新仍未走出校园，知识创新难以转化为经济发展成果。湾区构建创新共同体要充分认识到科学研究和经济发展之间的联系，推动知识创新的转化，助力经济发展。

2. 建立专门合作机构，优化运营机制

在粤港澳大湾区协同合作中，由于香港和澳门是特别行政区，“9+2”城市群在合作中主体地位不对称，可能造成合作的深度和广度难以快速全面推进，签订的合作文件流于形式。如果单单依靠中央顶层授权和设计，难以发挥地方自治优势。有必要研究成立由国家相关部门和粤港澳三地组成的法定性合作机构，如大湾区发展合作委员会，分担三地政府间的部分职能，统筹处理大湾区协同创新发展的有关事宜，并加强与《粤港澳大湾区发展规划纲要》和国家创新驱动发展战略的衔接，或研究三地联席会议制度，定期召开会议并协调解决重大合作问题，承接好中央给予的政策优势，提高政策落地的力度和强度。在合作机构的推动下有效开展一系列事宜，制定具体的实施细则来增强湾区协同创新的服务供给，强化人才保障，改善市场环境，提供资金支持。

3. 推进统筹协调机制，推进要素流动

粤港澳创新共同体的构建离不开创新要素的充分流动。当前，粤港澳三地的性质对三地之间商品和要素的流通造成了一些障碍，不利于创新主体的互动和优势累积。基于此，在创新共同体的构建过程中，要采取一些措施来保证三地的互动沟通，实现创新要素的流动。可以从以下两个方面实现。一方面，建立符合市场规则、国家惯例和企业需要的制度供给，为三地贸易畅通和资金畅通提供便利，打破当前“大门开，小门不开”的局面。货物流动局面已经打开缺口，问题在于如何流动更快；资金和人才的难题尚未破解，可以抓住一些特殊领域先试先行，慢慢改变门槛。另一方面，推进基础设施的互联互通。基础设施的互联互通是要素流动的基础。粤港澳大湾区在新一轮的发展中，要加快建设成为世界级国际海运、航运物流中心，形成辐射国内外的海空航线网、通道网。以港珠澳大桥建成通车为契机，进一步加强高速公路、高速铁路、城际轨道交通的建设，提升互联互通的能力。以香港、广州、深圳为重点，联合其他机场、港口，整合湾区机场及港口资源，建设国际机场和港口群，打造国家交通门户枢纽。

3.3.2 总体路线图

为推动粤港澳大湾区从区域协同走向一体化发展，加快建立创新共同体，本书认为，大湾区可分“四步走”实现总体战略目标。

（1）到2025年，以湾区内地单边开放推动粤港澳大湾区科技创新与新兴产业资源有效衔接。深化体制机制改革，完善珠三角九市对港澳的开放服务环境，向港澳开放国家布局在珠三角九市的重大科研基础设施和大型科研仪器。允许港澳符合条件的高校、科研机构、科技企业申请内地科技项目。在大湾区内地建设一批面向港澳的科技企业孵化器，为港澳高校、科研机构的先进技术成果转移转化提供便利条件，推动珠三角九市与港澳科技创新、新兴产业资源的有效衔接。创造条件积极引进港澳教育、医疗等优质公共服务资源，吸引更多港澳创新与产业人才汇集大湾区内，让更多港澳人才通过大湾区融入国家大局。

（2）到2030年，在科技创新与新兴产业发展部分领域实现粤港澳三地双边开放。加强粤港澳三地在法律服务、金融、医疗、建筑等领域的规则对接，在粤港澳执业资格互认方面推动重点领域单边认可带动双向互认，推动金融体系和金融业基础设施建设数据共享，初步形成科技创新规划、政策的协同机制，实现粤港澳大湾区人流、物流、资金流以及信息流的便捷有序流动，建立高标准的市场体系，对标国际，打造区域产业链和供应链，提升产业安全性，发挥粤港澳三地的比较优势，推动大湾区从区域共同体向经济共同体的梯次转变。

（3）到 2035 年，以科技创新与新兴产业一体化为引领推动粤港澳大湾区创新共同体建设取得实质成效。向完善的市场经济迈进，深化改革，协调大湾区的税制和税率，制定粤港澳基本相近的知识产权保护法规，协调或尝试实施三种货币的联合浮动制度，建设一个具有中国特色的市场经济环境。届时，大湾区开放、融合、可持续的一体化创新创业生态全面建立，科技实力和经济实力大幅跃升，成为全球科技创新与新兴产业高地的引领者、国际创新网络的重要枢纽，以科技创新和新兴产业一体化引领经济领域全面一体化取得实质进展。

（4）到 2050 年，全面推动粤港澳大湾区经济社会的一体化，实现无边界的大湾区。通过深化经济体制改革和国家赋予更特殊的政策，在大湾区内辐射、移植、借鉴香港的经济体制、政策，实现大湾区内经济体制、政策的全面融合和一体化。在教育、科技、卫生、文化、社会保障、社会服务等社会领域资源共享、相互衔接、相互融合，使大湾区居民共享发展成果。打破现存的大湾区内港澳与其他九城市间的各种经济社会隔离，取消有形和无形的边界，使得各种生产要素在粤港澳大湾区实现最优组合和最有效的配置。

第 4 章

新型举国体制推动大湾区一体化建设

科技创新新型举国体制体现了我国科技治理方式的现代化转型。科技创新新型举国体制不同于传统举国体制，能有效适应国际竞争环境的变化，激发我国的科技创新活力，在关键核心技术领域集中优势力量进行重点突破。当前粤港澳大湾区创新要素在地理空间上高度集聚，资源禀赋比较优势突出，创新生态条件不断完善，市场对科技创新的需求强大，具备建设国际科技创新中心的优势条件。但同时，粤港澳大湾区存在区域一体化建设的体制机制障碍和巨大的区域内部差异，在这样的宏观制度环境下，粤港澳大湾区的科技创新发展还存在科技创新要素流动不畅、科技创新要素聚而不联、关键核心技术受制于人、科技创新机制对接困难等现实挑战。因此，应探索科技创新新型举国体制在增强区域科技创新实力，激发区域科技创新活力的具体实现机制。通过深化区域科技创新体制机制改革，实现粤港澳大湾区科技创新协调发展和粤港澳大湾区创新共同体的建设。

4.1　从传统举国体制向新型举国体制的转变

4.1.1　举国体制的内涵与特点

举国体制是指“以国家利益为最高目标，动员和调配全国有关的力量，包括精神意志和物质资源，攻克某一项世界尖端领域或国家级特别重大项目的工作体系和运行机制”。[①]举国体制是中国特色社会主义制度集中力量办大事显著优势的集中体现，其运用体现在我国经济、社会、文化发展的各个方面，如体育发展的举国体制、科技发展的举国体制、应对突发公共危机的举国体制等。举国体制的产生具有历史必然性，中国传统举国体制是在新中国成立后内外部特殊的历史条件下形成的。首先，举国体制形成的一个初始条件是中国是落后的农业国，资源有限，新中国成立后亟须建立现代化的工业基础。其次，新中国成立后，中国仍

① 珂言. 2002. 构建新型举国体制的几个关系. 体育文化导刊，(3)：6-7.

然处于备战经济时期，面临着以美国为首的西方阵营的遏制和威胁，一直处在防御状态。到 1960 年中苏关系恶化后，中国的国际环境更为严峻。对战争威胁的判断成为影响国家政治和经济方针的重要因素，这就决定了国家必须能够快速集中一切资源发展国防科技和重工业。在这样的背景下，“以国家利益为最高目标，以国家强制力为保障，以公共财政的支持为主要手段，动员和调配全国科研力量，攻克某一项世界尖端科技领域或国家级重大科技项目的工作体系和运行机制”①逐渐形成。中国采取了以国家为主导的重工业优先发展战略，以国家力量快速推动要素向重大科技项目集聚。社会主义计划经济体制的逐渐形成为整个国家能够充分动员和调动有限的资源投入到关乎国家前途命运的科技项目中提供了经济制度保障。历史上，举国体制使我国在具有重大战略意图的科技领域实现了历史性突破、取得了巨大成就。例如，第一个五年计划期间从苏联与东欧国家引进的 156 项重点工矿业基本建设项目（简称“156”工程）、“两弹一星”、抗生素研制、杂交育种等成就为社会主义现代化建设和国防安全奠定了基础。

4.1.2　举国体制的变迁与发展

传统举国体制带有计划经济时代的烙印，具有以行政命令为指导，政府大包大揽的特点。与之相对应的国家科技管理体制也具有中央指令型的特点，不利于激发全社会的创新活力。改革开放后，计划经济条件下形成的科技创新举国体制已不适应开放的市场经济环境。我国的经济运行机制和要素配置机制已经发生了根本性变化。经济运行机制实现了从社会主义计划经济到社会主义市场经济的转变，要素配置机制实现了从国家主导型到市场在资源配置中起基础性作用再到市场在资源配置中起决定性作用的转变。此外，中国所面临的外部环境也发生了重大变化，我国科技创新面临的国际环境不再是封闭的，而是一个极端开放的全球化的国际环境。那么，科技创新就需要考虑市场竞争的需要。《关于 2010 年深化经济体制改革重点工作的意见》中提出“探索完善社会主义市场经济条件下科技创新举国体制，全面推进国家创新体系建设”。②党的十八大以来，多次强调要“构建社会主义市场经济条件下关键核心技术攻关新型举国体制”③。科技创新新型举国体制的提出指明了我国科技治理体系和治理能力现代化的发展方向。我国深化科技体制改革的重要内容就是要建立健全科技创新的市场导向机制。

---

① 黄涛，程宇翔. 2015. “科技举国体制”的再审视. 科技导报，(5)：125.

② 关于 2010 年深化经济体制改革重点工作的意见. http://www.gov.cn/zwgk/2010-05/31/content_1617026.htm.

③ 中共中央关于坚持和完善中国特色社会主义制度 推进国家治理体系和治理能力现代化若干重大问题的决定. http://cpc.people.com.cn/n1/2019/1106/c64094-31439558.html.

4.2 科技创新新型举国体制的构成要素

新型举国体制就是“在充分继承社会主义制度具有集中力量办大事的政治优势和制度优势基础上，更加重视市场配置科技资源的决定性作用，更加注重调动一切有利于创新发展的要素参与各类科技活动的积极性，更加突出科技创新成果经济效益、社会效益和生态效益的整体统一”。[①]科技创新新型举国体制的核心要素包括四个方面，即科技创新的领导体制、资源分配机制、目标规划机制和成果应用机制。四个核心要素分别体现出科技创新主体作用的协调性、科技创新资源配置效率的高效性、科技创新目标规划的针对性、科技创新成果应用的多元化特点。

4.2.1 领导协调机制

统一的科技发展领导体制是科技创新新型举国体制的核心。科技创新新型举国体制与传统举国体制相比，在科技领导体制上的统一性没有发生变化，都是由政府及其相关部门根据国家发展需要对科学技术发展进行宏观综合指导。新中国成立后，中国探索建立科技领导体制经历了一个漫长的过程。新中国成立初期，在科技领导体制方面，形成的基本框架是：确立了中国科学院在全国科技事业中的领导地位，中国科学院是全国“工农业及国防方面解决科学理论及技术上的问题的最高机构”，且担负着“计划并指导全国科学研究的任务”。[②]中国科学院是政务院所属的主管国家科技行政事务的职能部门，同时也是国家的科研中心。1954年，国家机构调整，中国科学院不再是政府机构，但之后没有重新设立一个统一的科技管理机构。从 1954 年至 1958 年间没有对科学技术进行全面管理的部门，直到 1958 年 11 月成立科学技术委员会作为专门领导科学技术研究工作的全国性职能机构。[③]此后，各省、自治区、直辖市也逐级成立了科学技术委员会。1998年科学技术委员会改名为科学技术部。从领导体制来看，科技创新新型举国体制依然是在国家统一部门主导下对我国科技创新体制机制进行顶层设计和统筹谋划，制定有关科学技术工作的路线、方针、政策，使科技创新事业全国一盘棋。从国际经验来看，美国、日本、韩国等国家在很多具有优势的科技领域，都是在统一的领导体制下发展起来的。以日本的半导体产业为例，20 世纪 70 年代，为缩小与美国半导体企业的差距，日本以政府为主导，联合产业界和高校等科研单位实施“超大规模集成电路”计划，使半导体产业迅速崛起。这种模式被概括为

① 侯波. 2020. 发挥新型举国体制对推进科技治理现代化的作用. 中国党政干部论坛，(4)：63-66.
② 韩晋芳. 2020. 1949—1956 年中国科技领导体制探析. 当代中国史研究，(1)：72-82，158.
③ 钱斌. 2010. 新中国科技管理体制的形成. 当代中国史研究，(3)：44-51.

“官产学”模式。美国政府主导的“阿波罗”计划、欧洲 A300 大飞机计划也都获得了成功。

4.2.2 资源配置机制

新型举国体制与传统举国体制的最根本区别就在于新型举国体制建立在市场在资源配置中起决定性作用的基础之上，国家、市场与社会协调发挥作用。党的十九届四中全会提出，要“构建社会主义市场经济条件下关键核心技术攻关新型举国体制”[①]。新型举国体制下政府的作用在于确定关乎国家战略意志的科技创新领域，通过合理布局避免低水平的重复建设和投资，发挥制度和政策供给的作用，为科技创新提供高质量的公共产品和公共服务。充分发挥市场对技术研发方向、路线选择、科技资源配置等方面的决定性作用。传统举国体制下政府垄断和掌握一切科技资源，科技活动主要依靠政府财政投入。新型举国体制充分利用国家和地方现有的政府投资基金支持关键核心技术研发，同时，积极引入市场机制，鼓励、引导社会资本和金融资本参与支持重大专项研发。通过多渠道融资，设立投资基金，借鉴发达国家经验建立基金市场化运营机制。市场中最重要的主体——企业，成为科技创新活动中最具活力的主体。2015 年国家国防科技工业局表示探月工程将向社会资本开放，鼓励社会资本、企业参与嫦娥四号任务。以嫦娥四号为试点，探索引入社会资本的新模式，对于打破航天工业壁垒、加速航天技术创新、有效降低工程成本、提高投资收益等具有积极作用和深远影响。[②]2019 年 2 月 20 日，在会见探月工程嫦娥四号任务参研参试人员代表时，习近平指出：“这次嫦娥四号任务，坚持自主创新、协同创新、开放创新，实现人类航天器首次在月球背面巡视探测，率先在月背刻上了中国足迹，是探索建立新型举国体制的又一生动实践。”[③]

4.2.3 目标规划机制

在目标规划上，突出强调构建关键核心技术攻关的新型举国体制。制订科技发展远景规划是我国推动科技事业发展的一个重要举措。政府对主攻方向进行规划有利于避免重复性投资，真正将资源用于科技短板领域。与传统举国体制相比，新型举国体制的适应领域变窄了，目标变窄了，不是在所有的科技领域都发挥举

① 中共中央关于坚持和完善中国特色社会主义制度 推进国家治理体系和治理能力现代化若干重大问题的决定. http://www.gov.cn/zhengce/2019-11/05/content_5449023.htm.

② 叶乐峰. 2015-03-13. 社会资本和企业将参与嫦娥四号任务. 光明日报，(011).

③ 习近平：为实现我国探月工程目标乘胜前进 为推动世界航天事业发展继续努力. http://www.xinhuanet.com/politics/leaders/2019-02/20/c_1124142195.htm.

国体制的作用，强调的是对关键核心技术领域的攻关。原来中国是在补短板，采取的是追赶型的科技发展战略，以追赶带动研究。经过 70 多年的发展，中国在很多科技领域已经从跟跑、并跑向领跑转变。关键核心技术不同于一般的技术，是战略性、前沿性、颠覆性技术，是对推动国家经济高质量发展，保障国家安全具有重大战略意义的技术，是防止其他国家对中国构成“卡脖子”威胁的技术。在全球化的国际分工体系中，一个国家的技术很难覆盖全产业链。不同国家由于拥有的技术水平不同，导致在全球价值链上的位置不同。在一个产业链条上，掌握核心环节技术的国家拥有技术的不可替代性和一定的话语权，可以避免受制于人。我国在很多关键核心技术领域与国际先进水平还存在一定的差距，在当前的国际环境下，一些发达国家对我国实行更加严格的高技术封锁、打压，使得完整获得关键核心技术成为必要。例如，美国对我国高科技企业进行遏制，利用技术优势，禁止美国企业向中国高科技企业出售重要技术和配件，甚至以“威胁国家安全”名义直接禁止中国科技企业的在美业务等。要在短时间内打破关键核心技术受制于人的局面就需要国家战略的加持，集中优势资源协同攻关。此外，有些关键核心技术属于高投入，并且在短期内难以商业化的技术，这样的技术攻关是任何单独的企业或科研机构都无力承担的，因此需要国家力量的介入。强调关键核心技术的自主创新、自主突破和国产化并不意味着放弃国际合作，关起门来搞创新，而要充分利用全球科技资源。关键核心技术攻关新型举国体制已经在国家政策层面上应用于我国的科技创新实践中。2020 年 8 月 4 日，国务院印发的《新时期促进集成电路产业和软件产业高质量发展的若干政策》中，首提高端芯片等核心技术攻关新型举国体制，制定了财税、投融资、研究开发、进出口、人才、知识产权、市场应用、国际合作等八个方面的政策措施。

4.2.4 成果应用机制

推动科技成果转移转化，由重视技术本身的实现到重视技术实现与经济效益、社会效益、生态效益相结合。新型举国体制既注重科技目标的实现，也注重科技经济效益，致力于实现技术链和价值链的双重效益。当前世界新一轮科技革命和产业变革蓬勃兴起，国家之间的竞争表现为科技实力和以科技实力为支撑的经济社会综合实力的竞争。中美贸易战的实质是影响双方长期发展的科技战。我国处于“世界百年未有之大变局”以及国内新旧动能转换的关键时期，因此，科技创新的任务是服务国家经济建设，为经济发展注入新的动力。要将科技成果转化为现实的生产力，围绕产业链布局创新链。同时，我国社会的发展明显落后于经济的发展，如环境污染、生态破坏、物种多样性受损等问题，非典型肺炎疫情、禽流感疫情、新冠肺炎疫情的暴发与流行暴露出我国公共卫生和健康领域存在缺陷。

科技创新的最终目的是提高人民福祉，科技创新成果不仅体现在经济效益上，还体现在促进社会治理、环境治理、公共服务提升等各个方面。通过发挥新型举国体制产生的科技创新成果既可以为国家所用，也可以为社会和商业所用。建立军工领域吸收社会资本的政策规范，这样军工科技成果既能发挥国家安全方面的作用，也能通过民用和商用转化为社会效益与经济效益。

科技创新新型举国体制是将中国的政治制度优势与市场机制有机结合的有益尝试，是我国科技创新领域的制度优势，有利于推动我国创新型国家建设。北斗导航卫星、“嫦娥”探月、“长五”飞天、“蛟龙”入海、国产大飞机C919试飞，以及高铁展现的中国速度等成就都是新型举国体制在科技创新领域发挥作用的成功案例。习近平指出：“要健全社会主义市场经济条件下新型举国体制，充分发挥国家作为重大科技创新组织者的作用，支持周期长、风险大、难度高、前景好的战略性科学计划和科学工程，抓系统布局、系统组织、跨界集成，把政府、市场、社会等各方面力量拧成一股绳，形成未来的整体优势。要推动有效市场和有为政府更好结合，充分发挥市场在资源配置中的决定性作用，通过市场需求引导创新资源有效配置，形成推进科技创新的强大合力。”①科技创新新型举国体制将推动中国在重大科技创新领域实现由“跟跑为主”向“并跑”“领跑”的转变。

4.3 应用新型举国体制的思路和定位

4.3.1 应用新型举国体制的基本思路

探索新型举国体制在粤港澳大湾区创新共同体建设中的作用就是探索新型举国体制在区域科技创新发展中的具体实现机制。粤港澳大湾区创新共同体建设的必要性、可能性以及紧迫性必然要求发挥中国特色社会主义制度集中力量办大事的优势，将新型举国体制的优势融入粤港澳大湾区创新共同体的建设中。

第一，需要考虑中央和地方的关系。具体到粤港澳大湾区创新共同体的建设上就是需要考虑中央政府与广东省政府、珠三角九市、香港和澳门特别行政区政府各自需要发挥的作用。粤港澳大湾区不同于自然形成的旧金山湾区和纽约湾区，但和东京湾区相似，都具有很强的政府规划性。中央政府层面需要统筹协调，区域层面需要协作。从中央政府到广东省政府再到珠三角九市的纵向层级关系的运作逻辑是下级政府执行上级政府的政策，但中央政府需给地方政府更大的行动自主权。针对粤港澳大湾区国际科技创新中心建设的指导性政策由中央政府制定，

① 习近平：在中国科学院第二十次院士大会、中国工程院第十五次院士大会、中国科协第十次全国代表大会上的讲话. https://www.ccps.gov.cn/xxsxk/zyls/202105/t20210529_148977.shtml.

具体可操作性政策的制定需给予地方政府足够的自主权，紧紧围绕提高粤港澳大湾区科技实力和科技创新影响力制定相关措施。广东省政府和珠三角九市同港澳之间的横向关系的运作逻辑是发挥各主体的比较优势，进行协作创新。区域内打破行政壁垒和地方保护主义，互通有无，避免科技资源重复购买，提高科技资源的利用效率。

第二，要充分发挥政府机制、市场机制和社会机制的协调作用。在粤港澳大湾区国际科技创新中心的建设中，政府机制发挥顶层规划作用，包括制定促进国际科技创新中心建设的人才流动政策、科研基金使用政策、科技创新投融资政策、监督机制等；市场机制起资源配置的作用，包括以需求为导向的科研项目投入、发挥企业在科技创新中的主体作用、尊重要素和产业自发集聚的规律等；社会机制起助推作用，包括进行监督和参与国际科技中心的建设。

第三，建立高效的资本市场，促进大湾区金融市场互联互通，实现资本与科技创新的有效对接。[①]香港是国际金融中心，在资本市场专业化水平、金融环境开放性等方面具有优势，能为企业技术创新提供金融服务。截至 2018 年 6 月，广东在香港上市的企业达 227 家，总市值 7.3 万亿港元，总融资额 7496 亿港元。广东还有一大批优质科技企业有意向赴港上市。香港交易所也做出了一系列重要改革，大幅放宽科技创新型企业赴港上市的标准和条件，成为全球具有吸引力的资本市场。[②]科技企业可以利用金融资本，利用香港市场拓展海外业务。

第四，处理好自主创新与对外开放的关系。面对复杂的国际局势和实现发展转型的迫切要求，亟须提高我国的自主创新能力。尤其在关键核心技术领域需要实现自主可控。同时国际科技创新中心具有很强的开放性，是融入全球科技创新网络的平台，也是吸引国外资本、技术、人才，进行国际科技创新合作与交流的平台。要打造开放包容、互利合作、互惠互信的科学共同体和创新联合体。

4.3.2 应用新型举国体制的政府作用

新型举国体制中，国家角色将发生重大变化，国家将发挥前瞻性、宏观性、指导性的把控作用，新型举国体制在大国竞争和大国博弈中能发挥我国的体制优势。在微观运行机制上更加尊重市场的作用，尊重微观主体的自主性，尊重法治。[③]科

① 辜胜阻. 2018-06-28. 把粤港澳大湾区建成核心技术创新的高地（新征程新篇章）. 人民日报海外版.

② 粤在港上市企业达 227 家内地科创企业掀赴港上市热潮. www.takungpao.com/news/232109/2018/0623/179277.html.

③ 王曙光，王丹莉. 2018. 科技进步的举国体制及其转型：新中国工业史的启示. 经济研究参考，(26)：3-13，41.

技创新新型举国体制作为一种科技治理体制要有利于激活科技创新。在粤港澳大湾区创新共同体的建设中，政府的作用体现在以下几方面。

第一，政府通过立法和行政手段制定政策保障国际科技创新中心的建设。国家和政府在充分尊重市场规律的基础上通过较为系统的法律和制度建设，为科技创新提供一套可持续的激励机制、保护机制、协调机制。通过制定政策促进粤港澳三地人才、资金、技术、信息等创新要素畅通流动和国际创新资源有效聚集。在三地科研人员出入境、跨地区科研项目申请、科研仪器设备进出口、知识产权保护、知识产权交易体系等方面深化改革。在人才政策制定上需突出吸引境外高端人才和紧缺人才到粤港澳大湾区工作。吸引科技人才既需要“硬条件”，如待遇、个人发展前景、科研基础设施、资金等，也需要“软环境”，如创新氛围、支持科技创新的政策等。2019 年《财政部 税务总局关于粤港澳大湾区个人所得税优惠政策的通知》提出，“对在大湾区工作的境外（含港澳台，下同）高端人才和紧缺人才给予补贴，该补贴免征个人所得税”。广东省政府也已经在立法层面推动粤港澳大湾区建设具有全球影响力的国际科技创新中心进行了有效的探索。2019 年 12 月广东省科学技术厅（简称科技厅）发布的新修订的《广东省自主创新促进条例》中规定：“省人民政府应当推进粤港澳大湾区建设和支持深圳建设中国特色社会主义先行示范区，优化创新体制机制，加强科技创新合作，促进创新要素便捷流动和国际创新资源有效集聚，建设国际科技创新中心，以深圳为主阵地建设综合性国家科学中心。”①首次从立法层面明确面向港澳建立省级财政科研资金跨境使用机制，明确科技成果的知识产权归属和运用等事项，明确加强知识产权保护、信息共享并与国际社会接轨的知识产权运营体系建设，明确了自主创新的各项激励政策等。

第二，政府主导谋划粤港澳大湾区重大科技基础设施建设。首先，当前我国在基础研究和关键核心技术领域短板问题仍较突出，亟须消除“卡脖子”问题。关键核心技术攻关需以重大工程建设为支撑。粤港澳大湾区各地区可根据自身优势引进重大科技基础设施建设。其次，国际科技创新中心在前沿科技、颠覆性创新、重大基础研究和应用研究领域都应走在世界前列。前沿基础科学研究和关键核心技术的革命性突破越来越依赖于重大科技基础设施的支撑，技术创新和产业发展也需要科技基础设施提供强大基础。要积极创建综合性国家科学中心，以深圳河套、珠海横琴两点为结合点，以广深港、广珠澳两廊为骨架构建一批重大科技基础设施。②2019 年 9 月，中山市政府印发《中山市推进粤港澳大湾区国际科技创新中心建设专项行动计划》，提出到 2022 年要引进两家国家重大科技基础设施。这有利于增强整个区域的科技创新实力。

---

① 广东省自主创新促进条例. http://gdstc.gd.gov.cn/gkmlpt/content/2/2727/post_2727213.html#722.

② 钟源，李晓玲. 2019-11-18. 粤港澳大湾区国际科技创新中心加快推动. 经济参考报.

第三，政府主导科技创新承载区和重大科研机构建设。国际科技创新中心的建设需要有高新区、科学城、科创园区、产业园等作为承载区和创新科技成果转化基地，以科技园区作为企业、科研机构、高校创新合作的平台，为科技创新人才、科创企业聚焦技术研发提供资金、场地、实验器材、专利申请的便利措施。当前粤港澳大湾区已拥有深港科技创新合作区、珠海横琴粤澳合作中医药科技产业园、佛山粤港澳合作高端服务示范区等众多高水平科技创新载体。高新区、科学城、科创园区、产业园等由空间场所和一系列政策措施构成，是进行科技创新活动的集中承载区域。实验室、研究院、科创企业等是进行科技创新的微观主体。政府应主导国家级实验室的建设，粤港澳三地高校、企业主导其他科研机构等科技创新平台的建设。在科技创新平台的建设上，香港中文大学等 6 所香港的大学在深圳设立了 72 个科研机构。广州市与中国科学院签订共建广州南沙科学城和中国科学院广州明珠科学园。这些科研机构都为粤港澳大湾区国际科技创新中心的建设注入了活力。

面对一个全球化的、开放的、竞争的国际体制，粤港澳大湾区科技创新的环节需遵从市场规律。国家和政府制定相关法律和制度保障为科技创新提供支持和服务，而不是要去排斥和取代市场的作用。政府通过政策供给、激励措施、服务监管等长效机制推动企业成为创新决策、研发投入、路径选择、成果转化的主体；建立“公–私”合作伙伴关系，要加强政府主导项目和国有企业项目与私营企业的合作，充分发挥国有部门的优势资源，激发私营企业的参与活力。市场成为推动科技进步的主要力量，资源配置机制和要素动员机制都要依赖于市场机制的作用。科技创新以市场需求为牵引，让市场需求成为企业创新要素配置的“指挥棒”，以此带动新技术、新产品、新业态蓬勃发展；建立以市场为导向、企业为主体、金融配套、社会化服务的新型科技成果转化体系；建设市场化、信息化技术交易服务平台，完善技术转移和交易机制；等等。

4.4 应用新型举国体制的政策建议

4.4.1 设立粤港澳大湾区科技创新协调委员会

成立统一领导粤港澳大湾区科技工作的机构，加强粤港澳三地政府对区域科学技术发展的协调管理，对粤港澳大湾区科技发展进行总体规划和目标设置。名称可暂定为粤港澳大湾区科技创新协调委员会。由粤港澳三地相关政府部门官员组成。该委员会是粤港澳大湾区科技发展最高决策机构，其职责是从国家各项利益出发制订大湾区内科技发展规划及相关政策，以推动粤港澳大湾区国际科技创新中心的建设。当前粤港澳大湾区还没有建立一个统一的科技发展领导体制去有效协调粤港澳三地的科技资源和科技发展。粤港澳三地政府的职权不清楚，容易造成力量分散、各自为政、资源配置重复等问题。当前成立粤港澳大湾区科技发展领导机构已经具备了一定的条件。2018年8月，粤港澳大湾区建设领导小组成立，中共中央政治局常委、国务院副总理韩正担任组长，香港特区行政长官林郑月娥、澳门特区行政长官崔世安任组员。粤港澳大湾区建设领导小组是高规格的议事协调机构，旨在从中央层面对粤港澳大湾区的发展进行顶层设计，充分展现了粤港澳三地在粤港澳大湾区建设上的平等地位，以及中央对港澳融入国家发展方面给予充分的重视和信任。在2020年8月举行的粤港澳大湾区蓝皮书成果发布会和双城联动下南沙发展机遇研讨会上，诸多专家建议在国家层面的粤港澳大湾区建设领导小组框架下，设立工作层面上的粤港澳大湾区建设协调中心。[①]在《粤港澳大湾区改革创新报告（2020）》中，相关课题组研究了设立协调中心的可行性，并对其组织架构、职责等方面提出了具体操作措施。其中提出，“可在粤港澳大湾区建设领导小组下设法律、金融、交通、科技、教育、民生等各个专门委员会”[②]。当前，广东省委以及珠三角九市相继增设推进粤港澳大湾区建设领导小组，除深圳外，其他八市的领导小组均挂靠于本市发改委（局）；深圳的则名为市委推进粤港澳大湾区建设领导小组，为市委的独立运行机构。2018年10月，香港特区行政长官林郑月娥在施政报告中提出，特区政府将成立“粤港澳大湾区建设督导委员会”。2018年11月，澳门设立“建设粤港澳大湾区工作委员会”。在这样的背景下，需要加快推进工作层面上粤港澳大湾区统一领导体制建设，在统一的领导体制下，设立有粤港澳三地政府共同参与的统一的粤港澳大湾区科技发展领导体制。

4.4.2　充分发挥市场的资源优化配置作用

要充分发挥政府机制、市场机制和社会机制的协调作用。新型举国体制中，国家角色将发生重大变化，国家将发挥前瞻性、宏观性、指导性的把控作用，新型举国体制将在大国竞争和大国博弈中发挥我国的体制优势。在微观运行机制上更加尊重市场的作用，尊重微观主体的自主性，尊重法治。[③]在粤港澳大湾区国际科技创新中心的建设中，政府机制发挥顶层规划作用，包括制定促进国际科技创新中心建设的人才流动政策、科研基金使用政策、科技创新投融资政策、监督机

① 粤港澳大湾区建设从世界三大湾区和长三角借鉴什么？专家聚焦协调中心. https://web.shobserver.com/news/detail?id=278315.

② 专家建议设立粤港澳大湾区建设协调中心. https://baijiahao.baidu.com/s?id=1674926910098828708&wfr=spider&for=pc.

③ 王曙光，王丹莉. 2018. 科技进步的举国体制及其转型：新中国工业史的启示. 经济研究参考，(26)：3-13，41.

制等；市场机制起资源配置的作用，包括以需求为导向的科研项目投入、发挥企业在科技创新中的主体作用、尊重要素和产业自发集聚的规律等；社会机制起助推作用，包括进行监督和参与国际科技中心的建设。发挥市场在科技创新资源配置中的作用，可建立高效的资本市场，促进大湾区金融市场互联互通，实现资本与科技创新的有效对接。[①]同时，创新科技创新机制和政策扶持，采取团队揭榜制、政企联动机制等方式形成关键核心技术攻坚体制。李克强在2020年的政府工作报告中指出，“实行重点项目攻关‘揭榜挂帅’，谁能干就让谁干”[②]。关键核心技术攻关采取灵活的团队选用方式，通过制定粤港澳大湾区内团队揭榜制、政企联动制具体实施方案充分调动高校、科研机构、企业等各类主体的创新积极性，集中攻克产业发展所面临的“卡脖子”技术难题。

4.4.3 设立粤港澳大湾区科技研发基金

粤港澳大湾区设立科技研发基金专门服务于粤港澳大湾区内的科技创新项目。首先，建立统一的协调和科研基金管理机构。粤港澳大湾区涉及“九市两区”，应构建统一的科研协调和管理机构，对科研基金进行统一管理。其次，在科研基金来源方面，建立多元基金支持体系。科研基金由政府预算、社会资助和项目风险融资等构成。再次，形成规范化科研基金审批流程。由科研基金管理机构制定规范化、标准化的审批流程。根据不同科研人员，不同类型的项目设定不同的资助渠道。制定科研基金跨境使用政策。最后，探索科研基金的市场化运营机制。为实现科研基金的保值增值，更好地服务于科技创新项目，探索科研基金市场化运营机制。

4.4.4 建立粤港澳大湾区科技创新联盟

面对复杂的国际局势和实现发展转型的迫切要求，亟须提高我国的自主创新能力。尤其在关键核心技术领域需要实现自主可控。同时国际科技创新中心具有很强的开放性，是融入全球科技创新网络的平台，也是吸引国外资本、技术、人才，进行国际科技创新合作与交流的平台。要打造开放包容、互利合作、互惠互信的科学共同体和创新联合体。由粤港澳大湾区国际科技创新建设领导小组牵头，联合民营企业、科研院所、高校等创新主体建立科技创新联盟，共同进行关键共性技术的开发。鼓励科研单位和科研人员进入企业，也鼓励与境外科研人员和科研团体建立合作关系。

---

① 辜胜阻. 2018-06-28. 把粤港澳大湾区建成核心技术创新的高地（新征程新篇章）. 人民日报海外版.

② 政府工作报告——2020年5月22日在第十三届全国人民代表大会第三次会议上. http://www.gov.cn/gongbao/content/2020/content_5517495.htm.

第 5 章

科研人才跨境协同一体化

5.1 科研人才跨境流动的基本情况

5.1.1 政策规定和主要渠道

1. 内地人员流向香港的渠道和现状

香港特别行政区政府入境事务处规定，“一般来说，除了拥有香港居留权或香港入境权的人士外，任何人士，如欲来港就读、从事雇佣工作、受训、投资或定居，均须在来港前领取签证”。也就是说，内地居民往返香港时必须携带办理了签注的合法港澳通行证（双程证）以通关。

第一，旅游签证。内地居民如欲到香港观光旅游，可申请办理个人旅游（G）和团队旅游（L）两种旅游签注，通过旅游签注去往香港的内地居民在港的逗留期限一次不超过七天。签注有效期为：3 个月 1 次、3 个月 2 次、1 年 1 次和 1 年 2 次等，每次签注用完或过期后，可申请再次签注。另外，由于与香港特别行政区仅有“一关之隔”，深圳户籍居民享有更便利的往返香港通行条件：2009 年 4 月 1 日开始，深圳市民可向深圳市公安局出入境管理处申请多次往返香港个人旅游（即「一签多行」）签注，持有该签注即可享受一年内无限次往返香港，每次访港逗留的时间不超过七天；七天后，市民当天可在口岸边检重新登记后当日再次入港。2015 年 4 月 13 日开始，公安部出入境管理局停止向深圳市民签发「一签多行」签注，改为签发「一周一行」个人旅游签注，持有该签注的深圳市民可在每个自然周的周一至周日前往香港一次，每次可在香港逗留不超过七天。《香港特别行政区的旅游签证和进入许可规例》[①]指出，“旅游人士不得在港从事任何雇佣工作（无论受薪或非受薪）、开设或参与任何业务，或入学就读；此外，除非在极特殊情况，旅游人士于抵港后均不准改变其访客身份”。换句话说，内地居民如欲到香港就业、

① 香港特别行政区的旅游签证和进入许可规例. https://www.immd.gov.hk/hkt/services/visas/visit-transit/visit-visa-entry-permit.html.

培训、经商投资等则需要办理其他类型的签证或许可。

第二，商务签注（S）[①]。内地居民如欲到香港进行商务访问，则需向内地公安机关申请商务签注，每次在香港逗留期限不超过七天。在港期间，可进行以下商务活动：签订合约或参加招标、投标；检验货物或监装设备；参加展览会、交易会（但并不包括向公众直接出售货物或直接提供服务）；解决索赔问题或者进行民事诉讼活动；应邀从事商务、科技考察活动；参与短期研究会或其他会议。值得注意的是，香港入境条例规定，商务访问入境人士不得在香港从事任何有薪或无薪的工作，违例者一经被法庭定罪，最高刑罚可判罚款港币五万元及入狱两年。如果内地居民想在香港长期或短期从事有薪工作、就学、培训时，他们必须申请签发香港逗留签注。

第三，逗留签注（D）。经香港有关部门批准赴香港随任、就学、就业、居留、培训以及作为受养人赴香港依亲的持有有效港澳通行证的内地居民可以申请办理逗留签注。

（1）赴港工作——根据香港入境事务处规定，赴港工作的人士必须申请香港工作签证，即使是无薪酬工作也同样需要申请香港工作签证，否则视为非法就业。香港工作签证的有效期一般为一年（具体根据各个入境工作计划的安排），之后需要续期。在工作签证的有效期间可在香港长期逗留，没有出入境次数的限制。一般情况下，申请香港工作签证需要雇主提供与雇员的合约副本、公司经营状况证明文件等材料；需要雇员提供履历表、工作经验证明、近期证件照等材料。值得注意的是，除香港的应届非本地毕业生外，赴港工作的内地居民一般要先觅得香港的工作，并且由雇主向入境事务处递交申请，由受聘人直接递交的申请，入境事务处一律不受理。另外，内地居民可通过补充劳工计划、输入内地人才计划、科技人才入境计划等获得香港当地工作（表 5-1）。其中，外地劳工在初次入境时，通常获准逗留 12 个月，并须在合约届满时返回原居地，而合约的有效期通常最长为两年；根据科技人才入境计划和输入内地人才计划到香港就业的人士一般首次入境可获准在港以雇佣身份逗留 24 个月或根据其雇佣合约的有效期限而定，一般以较短者为准；而非本地毕业生留港/回港就业申请获得批准后，一般可留港 12 个月而不受其他逗留条件限制。除此以外，香港于 2006 年推出了优秀人才入境计划，这是一项为了吸引高技术人才或优才到香港定居的设有配额的移民吸纳计划，申请人可通过"综合计分制"或"成就计分制"两套计分制度来与其他申请人竞争配额。实际生活中，部分演艺人员通过优秀人才入境计划，投资银行从业人员通过输入内地人才

① 内地人士持商务签注来港需知. https://www.immd.gov.hk/hkt/services/hk-visas/overseas-chinese-entry-arrangement/mainland-china/notice.html.

计划到香港工作或生活，他们也可在需要的时候返回内地工作。

表 5-1　香港特别行政区引入内地人才相关计划项目

年份	计划/项目（签证有效期）	是否包括内地居民	限制	家属安排	存续
1999	输入优秀人才计划	是	诸多限制，家属随行困难		已废除
2001	输入内地专业人才计划	是			已废除
1996	补充劳工计划	是	无限制	不得同行	存续
2003	输入内地人才计划	针对内地居民	无配额、行业限制	受养人政策	存续
2006	优秀人才入境计划	是	有配额限制	受养人政策	存续
2018	科技人才入境计划	是	有配额和行业限制	受养人政策	3 年计划

（2）赴港培训[①]。受聘于香港的跨国公司或大型公司的内地雇员或受这些公司资助到香港的业务伙伴，可以申请到香港接受为期不超过 12 个月的短期培训。其中，因公到港受训的内地居民应该向国务院港澳事务办公室申领培训签注，而以私人身份到港受训的内地居民则应把填好的申请表格直接寄交或透过其在港的保证人递交香港特别行政区政府入境事务处。入境事务处会将培训进入许可标签直接寄交申请人或经其在港的保证人转交给他们，申请人应向内地有关公安机关出示进入许可标签及所需文件，以便申领双程证和培训签注。

（3）赴港就读。获得香港学校录取的内地居民需向入境事务处申请赴港的学生签证，还得向内地的公安局出入境管理部门申请往来香港的逗留签注。值得注意的是，所有申请均须经录取申请人的院校以保证人的身份递交香港特区政府入境事务处，进入许可标签须由在港的保证人领取并转交申请人，申请人则向内地备存其户口登记记录的公安局办事处申请双程证和赴港签注。

第四，因公访港[②]。内地因公人员如欲到访香港，应就其目的向国务院港澳事务办公室申请签发《因公往来香港澳门特别行政区通行证》和相关的赴港签注。申办该通行证及签注时需要提供任务批件、事项表、政审批件等，其中任务批件一次使用有效，临时出访、就读、培训事宜的有效期为 3 个月，常驻工作的有效期为半年。申办《因公往来香港澳门特别行政区通行证》主要有以下几种签注类型：赴港/澳访问签注，签发给内地因公临时赴港澳访问的人员，分为 3 个月 1 次、3 个月 2 次和 3 个月多次、半年多次及 1 年多次进出香港或澳门等 5 个类别，每次在香港、澳门的停留时间均不超过 30 天（含），其中 3 个月 1 次这一类别可申请延期签注；赴港/澳工作签注，签发给赴港澳中资企业和机构常驻工作及军队、

① 香港特别行政区政府入境事务处. https://www.immd.gov.hk/hkt/services/visas/overseas-chinese-entry-arrangement.html.

② 国务院港澳事务办公室办证处办证须知. http://www.hmo.gov.cn/bsdt_new/bszn/201711/t20171117_1218.html?keyword.

宗教系统赴港澳讲学、合作研究的人员；驻港/澳签注，签发给香港中联办或澳门中联办、驻港公署或驻澳公署及中国人民解放军驻香港或驻澳门部队的常驻人员；赴港/澳就读签注，签发给军队及宗教系统赴港澳就读的人员；赴港/澳培训签注，签发给军队及宗教系统赴港澳参训和授训，以及内地党政机关派往港澳特区官方及半官方机构培训（实习）的人员。

香港还制定了方便访客到访香港的新措施“须持有效签证访港的旅客如确实有需要经常来港，而在过往 12 个月内曾访港三次或以上，其间并无不良纪[①]录，或入境处处长信纳其访港有利香港，可申请签发多次来港旅游签证”[②]。另外，香港特别行政区为了提高商务旅客的流动性，方便那些真正经常前来香港特别行政区的访客，实行了旅游通行证计划[③]——持有有效护照而无须访港签证或进入许可的经常访港人士，可以申请香港特别行政区旅游通行证。申请人必须在递交申请表前 12 个月内，曾访港三次或以上（入境后离港前往中国内地或澳门地区后再返港的次数除外），而在这期间并无不良记录；或可令入境事务处处长信纳，申请人到访可为香港特别行政区带来相当的利益。旅游通行证属电脑可读的证件，每本有 32 页，有效期为 3 年，可供持证人多次进入香港特别行政区，在每次抵港时，可获准以访客身份逗留两个月。除此以外，内地居民去香港一般有三类签证，分别是自由行旅游签证（包括旅行团和个人）、商务签证和工作签证；而与双程证对应的单程证作为一种移民签证，可以在进入香港后长期居留在港，并可多次往来内地和香港。如果想在一段时间内无限次去往香港，只能申请商务签证、工作签证和单程证三种。

而澳门永久性居民可免进入许可进入香港旅游，最长逗留时间为 180 天，而澳门非永久性居民可持澳门居民往来香港特别行政区旅游证免进入许可到香港旅游，最长逗留期限为 30 日。与内地类似的是，澳门居民如欲到香港就业、开办或参与任何业务，都必须申领签证或进入许可。他们可根据一般就业政策、科技人才入境计划、企业家来港投资计划或输入劳工计划到香港进行长期或短期就业，初次逗留期限一般为 24 个月以内。

2. 内地人员流向澳门的渠道和现状

一般来说，对于不在澳门就业的中国籍居民而言，其逗留期限如下：持有香港永久性居民身份证或回港证人士，最多逗留一年；持有《往来港澳通行证》及有效赴澳签注的人士，于签注所载期间在澳门逗留，最多为期 90 日。除此以外，

---

① 此处应为“记”。

② https://www.immd.gov.hk/publications/a_report_2017/sc/ch2.html.

③ https://www.immd.gov.hk/hks/services/visas/hksar_travel_pass.html.

申请在澳门逗留的方式还有以下几种。

1）《特别逗留证》[①]

在澳门特别行政区工作的中华人民共和国中央人民政府官方代表机构的工作人员及其随行家团成员，以及中华人民共和国公营企业及公共资本企业的工作人员及其随行家团成员可以申请办理《特别逗留证》，逗留期限最长不超过 3 年。另外，根据澳门法例规定，持有《因公通行证》及赴澳工作签注（或驻澳签注）的人士，可于签注有效期内在澳门逗留，但每次入境最多为期 90 日。

2）逗留的特别许可

（1）学生的逗留许可。针对非澳门学生为求学目的而提出的学生签证也就是学生的逗留许可，其期限一般与拟修读课程的正常期限相同，并最多可续期一年。如课程为期超过一年，逗留许可至少每年确认一次。这些外地学生应该在逗留许可有效期届满 20 日前[②]或逗留（D）签注进入澳门并在获准予之逗留期限（最多 90 日）[③]内亲自到澳门出入境事务处大楼办理学生类逗留许可申请，当事人可在逗留许可有效期内多次进出澳门。

（2）外地雇员的逗留许可。澳门特别行政区立法会根据《中华人民共和国澳门特别行政区基本法》第七十一条第（一）项，制定并出台《聘用外地雇员法》，规定在遵守八项一般原则的基础上可雇佣外地雇员，而外地雇员可受聘为专业雇员、家务工作雇员以及非专业雇员。然而，非澳门居民需要获得澳门特别行政区签发的劳工证才可在澳门就业，逗留期限根据双方合同而定。这就意味着到澳门工作的前提条件是有劳工名额的澳门雇主同意录用。同时，从 2011 年 2 月 28 日起，澳门治安警察局按照外雇法签发"外地雇员身份认别证"，俗称新"蓝卡"。另外，如果聘用了具有特别资格的外地劳工能有利于澳门特别行政区，并且经过听取有权限许可聘用外地劳工的实体的意见后，可批给该劳工家团成员与该劳工聘用期限相同的逗留许可。同时，在澳门为自身利益从事活动的非澳门居民，即简称为自雇人士，可以在获得有效工作许可后申请办理逗留许可。

3）商务签注

申请条件为受单位派遣赴澳门商务、个体工商户经营者赴澳门商务或驾驶往返内地与澳门专用交通工具人员，他们可以申请澳门 3 个月一次签注和 3 个月多次签注，每次在澳门逗留不超过 7 天，每日平均约有 3500 名内地商务旅客透过商务探访计划到澳门。

---

① 特别逗留证. https://www.gov.mo/zh-hans/services/ps-1482/.

② 针对内地学生除外的其他地区、国家的非澳门居民。

③ 针对内地学生。

3. 港澳人员流向内地的渠道和现状

香港和澳门特别行政区的市民如欲到内地投资经商、就读、培训或就业等，只需要携带港澳居民来往内地通行证，即回乡证①即可顺利进入中国内地合法开展活动。年满 18 周岁的香港居民的回乡证有效期为 10 年，未满 18 周岁的有效期为 5 年。只要回乡证不过期，则其在内地逗留的时间不受限制。另外，为促进香港、澳门与内地建立更紧密的经贸关系，卫生部（现为国家卫生健康委员会）制定了《香港和澳门特别行政区医疗专业技术人员在内地短期执业管理暂行规定》，港澳医疗专业技术人员可在内地短期执业，即香港和澳门特别行政区具有合法执业资格的医疗专业技术人员应聘在内地医疗机构从事不超过 3 年的执业活动，有效期满后，可返回港澳居住或就业，也可重新办理短期执业注册手续以继续就业。

由于社会制度等差异，目前粤港澳三地的人才流动还面临着较多的行政壁垒，尤其是内地人才如欲到港澳进行短期培训、就业、投资或交流等都要经过较烦琐的程序和审批。大湾区人才跨境流动的立足点是人才流动以促进双方合作进步而非站在对立面展开“抢人大战”，也就是说，要推动通过人才流动来建立内地与港澳的发展共同体，实现双赢局面。推动内地与港澳的人才流动，可以先从粤港澳三地的人才交流入手或试点，而后逐步推行。由于地缘与语言优势，与内地其他省份相比，广东与香港、澳门的往来会更加密切，粤港澳大湾区的建设如“一小时交通圈”的打造等会进一步加快粤港澳三地的人才流动。如果说纽约湾区是“金融湾区”，旧金山湾区是“科技湾区”，东京湾区是“产业湾区”，那么未来粤港澳大湾区的定位就是“人才湾区”。未来将会有越来越多的人才居住在深圳、广州等城市，而在香港或澳门工作，尤其是平均每 15 分钟一趟的港深高铁开通以后，生产与生活的空间分离得以实现，也会有越来越多的人才在粤港澳三地进行职位挑选或出差培训，实现生产空间的多样化等。

5.1.2 跨境流动的现状特点

跨区域间人才流动主要通过两个方式——跨区域求学和跨区域就业。

1. 跨区域求学的现状特点

根据近年来夸夸雷利·西蒙兹（Quacquarelli Symonds，QS）公司世界大学排名的统计，香港有 6 所大学进入前 500 强，香港大学、香港科技大学、香港中文

① 由中华人民共和国公安部出入境管理局签发，是香港特别行政区及澳门特别行政区居民来往内地所用的证件。

大学更是名列前茅，居于前 50 强；澳门有两所大学上榜，澳门大学和澳门科技大学居于前 300 强；内地大学在前 500 强的榜单中共 22 所，广东省只有中山大学一所大学上榜，以土地资源面积以及教育质量来说，港澳地区的教育资源是优于广东地区的。由于历史原因，港澳地区与内地实行不同的政治制度，也有不一样的社会环境。相比之下，港澳地区的整体教育资源比广东省更加发达，国际化程度更高，更有利于培养高层次、国际化的人才。

2019 年共有 40 所澳门中学推荐了 1138 名应届高中毕业生参加保送生考试，首轮考试有 882 名学生获录取。加上参加“征集志愿计划”，重新选择志愿及专业并获录取的考生有 162 名，共录取 1044 名[①]。

根据表 5-2 可知，目前澳门在内地就读的学历层次主要集中在学士学位课程，硕士学位和博士学位课程比较少，高学历水平学生流动还比较少，不利于科研人才的培养和流动。

表 5-2　各地就读的学历层次分布

地区	博士学位课程	硕士学位课程	学士后文凭课程	学士学位课程	专科课程	文凭/其他	总计
香港	39	231	25	859	0	171	1325
澳门	18	150	0	858	0	0	1026
内地	41	148	0	1277	543	0	2009

2017 年有 21 545 名内地学生获准到香港就读，占香港当年所有非本地学生的 66%；2019 年通过内地部分高校免试招收香港学生计划（“免试收生计划”）、港澳台联招、自主招生报名的香港学生达 10 433 人，创过去 8 年新高。中国教育留学交流（香港）中心统计显示，2019 年报考内地高校的港生中，在前 4 个志愿选择报名前往广东省大学的学生，不仅没有随着文凭考试考生的减少而下跌，反而由 2018 年的 5355 人增至 2019 年的 5755 人，增幅近 10%。[②]可以预见的是，在大力建设粤港澳大湾区的时代背景下，澳门与香港、广东省之间必将有更多高等教育上的人员流动。

目前粤港澳大湾区学生实现跨区域求学的主要形式有本科招生、暑期夏令营项目、短期交换生项目、2＋2 联合培养项目、创办分校区招生以及硕博招生项目等。

（1）本科招生项目如表 5-3 所示。

① 逾千名澳门保送生获内地高校录取. http://hm.people.com.cn/n1/2019/0116/c42272-30544632.html.

② 以免试招收等方式北上求学香港学生人数 今年创八年新高. https://www.zaobao.com/realtime/china/story20190421-950402.

表 5-3　粤港澳大湾区学生实现跨区域求学本科招生项目（2019 年）

范围	项目名称	简介
内地招收香港学生	港澳台侨联招	根据《教育部等四部门关于做好普通高校联合招收华侨港澳台学生工作的通知》（教学〔2018〕4 号），普通高等学校联合招收华侨港澳台学生
	免试招生	港澳籍学生参加香港中学文凭考试，可通过“免试招生计划”申请入读内地高校，无须再参加“港澳台侨联招考试”，2019 年共有 112 所内地免试招生院校对香港开放招生
	院校自主招生	北京大学、清华大学、复旦大学、中山大学、暨南大学、华侨大学有针对香港学生的自主招生简章
	华侨大学、暨南大学两校联考	全称为“暨南大学、华侨大学联合招收港澳台和华侨、华人及其他外籍学生入学考试”，实行“3 + *X*”考试形式
	内地高考	仅河北、山东、湖北三省明确规定华侨港澳台学生可报考
内地招收澳门学生	四校联考	获教育部批准，内地部分高校自 2018 年起以试点方式采认澳门“四校联考”成绩录取澳门学生。首批获准高校共 10 所。各高校会根据“四校联考”成绩自行订定最低录取分数线或面试等要求
	中国普通高等学校联合招收澳门保送生	为了让更多优秀的澳门应届高中毕业生前往内地升读高等院校，教育部增加了 2019 年内地高校招收澳门保送生的高校数量，并原则上对澳门学生开放所有专业。部分内地高校参与“征集志愿计划”，未获录取的考生可报名参加“征集志愿计划”，向尚有余额的高校争取保送机会
	中国普通高等学校联合招收华侨、港澳台地区学生考试（澳门区）	根据《教育部等四部门关于做好普通高校联合招收华侨港澳台学生工作的通知》（教学〔2018〕4 号），普通高等学校联合招收华侨港澳台学生 自 2004 年起，中国普通高等学校联合招收华侨、港澳台地区学生考试（澳门区）的报名及考试，由高等教育辅助办公室专责办理
	院校自主招生	北京大学、清华大学、复旦大学、中山大学、暨南大学、华侨大学有针对澳门学生的自主招生简章
	华侨大学、暨南大学两校联考	全称为“暨南大学、华侨大学联合招收港澳台和华侨、华人及其他外籍学生入学考试”，实行“3 + *X*”考试形式
香港招收内地学生	香港中文大学和香港城市大学 2 所高校采用统招方式	由省招生办统一公布招生计划、统一安排考生填报志愿、统一实行远程网上录取。香港中文大学和香港城市大学参加提前批次录取。考生即使在提前批次未被录取，仍有机会在本科第一批次录取时进入其他的内地高校
	香港大学等 13 所香港高校采用独立招生方式	考生须参加高考，并按照港校的要求报名，参加学校单独组织的笔试和面试，由学校根据考生高考成绩和其他要求录取新生。凡被香港 13 所独立招生院校录取的考生，不再参加内地高校远程网上统一录取
澳门招收内地学生	澳门大学等 6 所澳门高校采用独立招生方式	招生计划不分省，全国统一招生，要求报考学生必须具有高中毕业或相当于高中毕业的文化程度，并参加各省市组织的 2019 年全国高等学校统一招生考试

（2）暑期夏令营项目。暑期夏令营一般是由一个或若干高校组织设计，通过联合组织或者转发通知给学生，让学生自主申请、面试，面试通过学生在特定时间跨境进行交流学习。时间一般为一个星期，学生需承担课程费用及其他个人支出，部分项目有补贴。夏令营项目一般时间较短，对学生了解异地文化、加强跨境交流有所帮助。

（3）短期交换生项目。粤港澳交换生项目主要是内地高校与港澳高校之间签订互派本科生进修学习协议，修读双方都开设的学科，获选派的交换生于对方大学就读一个学期，双方互相承认交换生于对方大学所修读的课程及学分。学生按各自所属学校收费标准缴纳学费于原属学校，个人负担在交换学校的一切个人支出。短期交换生项目能促进粤港澳地区人员的流动和交流，但是由于交换时间较短，难以达到从求学到就业的流动。

（4）2+2 联合培养项目。华南理工大学与澳门大学正式签署本科生 2+2 联合培养项目协议，2020 年正式招生。这是粤港澳大湾区内高校合作的首个双向双学位本科联合培养项目，对粤港澳大湾区高校探索教育协同创新新路径，开拓湾区人才培养新模式等方面具有积极的示范意义。随着粤港澳大湾区建设的深入，还可以出现更多基于专业强强联合或者优势互补的联合培养项目。

（5）创办分校区招生。2018 年 12 月，广东省政府印发《关于进一步促进科技创新的若干政策措施》中明确表示："支持港澳及世界知名高校、科研机构、企业来粤设立分支机构并享受相关优惠政策，促使重大科技成果落地转化。"《粤港澳大湾区发展规划纲要》中也提出："支持粤港澳高校合作办学，鼓励联合共建优势学科、实验室和研究中心。充分发挥粤港澳高校联盟的作用，鼓励三地高校探索开展相互承认特定课程学分、实施更灵活的交换生安排、科研成果分享转化等方面的合作交流。"《广州市建设国际科技产业创新中心三年行动计划（2018—2020 年）》由广州市政府印发实施，其中提出，力争在 2020 年初步建成、2025 年基本建成、2035 年全面建成国际科技产业创新中心。《广州市建设国际科技产业创新中心三年行动计划（2018—2020 年）》也提到，"到 2020 年末，力争筹建国家实验室 1 家、建成广东省实验室 3 家；建成国家重点实验室 21 家，建设诺奖创新中心 10 家，世界一流大学 2 所"。文件还明确表示，将支持中山大学、华南理工大学、暨南大学、广州中医药大学、华南师范大学、广州大学、广州医科大学等高校开展世界一流大学和世界一流学科建设，加快广州科技教育城、华南理工大学广州国际校区建设，发挥香港基础研究和国际化环境优势，大力推动香港科技大学广州分校建设。粤港澳大湾区联合办学已有一定的基础（表 5-4），大湾区内部高校跨地建设校区有利于大湾区内城市的良性互动，利用三地资源优势，发挥协同效应，实现双赢。

表 5-4 粤港澳大湾区联合办学的案例

高校	案例
香港大学	香港大学在广东省现设有香港大学深圳医院和香港大学深圳研究院。香港大学深圳研究院于 2011 年 3 月成立，肩负着将香港大学科技成果向内地转化的使命①
香港中文大学	香港中文大学（深圳）建立于 2013 年，经教育部批准，传承香港中文大学的办学理念和学术体系②
香港浸会大学	北京师范大学–香港浸会大学联合国际学院是首家中国内地与香港高等教育界合作创办的大学，也是内地第一所新型博雅大学，位于珠海市③

（6）硕博招生项目。内地高校招收港澳台研究生主要通过两种方式，“内地（祖国大陆）面向港澳台地区招生考试”和“全国研究生统一入学考试”，教育部办公厅每年发布内地（祖国大陆）面向港澳台地区招生考试招生管理办法，高校招生办公室发布招生公告，港澳台地区学生可自主报考。全国研究生统一入学考试不设思想政治理论，符合报考条件的学生可报考。港澳招收内地研究生主要采取免试入学的办法，需要申请者提供本科学习相关成绩资料和其他证明文件，以及导师的推荐信和申请者的英语成绩文件。由于港澳地区有免试入学的传统，内地通过考试招收研究生的方式可能会打击港澳学生到内地深造的积极性，湾区内学生的流动还有待渠道的畅通。

2. 跨区域就业的现状特点

广东省人力资源和社会保障厅统计数据显示，截至 2017 年底，累计来粤工作的外国人才 75 万人次，港澳台人才 115 万人次，两项合计居中国内地首位④。截至 2017 年 12 月 31 日已有超过 106 000 名内地优秀人才和专业人才透过输入内地人才计划获准到港工作；超过 37 000 名劳工透过补充劳工计划获准到港工作，其中仍在港工作的则约有 5000 人⑤。目前粤港澳三地之间就业渠道还比较单一，人才输入输出项目也有限（表 5-5）。内地对引进港澳人才政策较多，而港澳对引进内地人才政策较少。未来期待有更多的人才流动项目以及配套政策发布，以提高人才流动的积极性，解决人才因跨境就业产生的后顾之忧。

① http://www.siri.hku.hk/chs/about/introduction.

② 香港中文大学（深圳）简介. https://www.cuhk.edu.cn/en/article/3891.

③ https://www.uic.edu.cn/about_us/about_us/introducing_UIC.htm.

④ 十八大以来累计到粤工作外国人才 75 万人次. http://news.china.com.cn/live/2018-01/15/content_39025421.htm .

⑤ https://www.immd.gov.hk/publications/a_report_2017/sc/ch2.html#c8.

表 5-5　粤港澳三地之间人才工作流动的主要方式

地区	项目	简介
到澳门工作	通过劳务市场面试	这种途径需要缴纳一定的劳务费，费用是劳动者在澳门工作工资的 1.5 倍左右
	澳门企业内地招聘	一般是企业招特殊人才或者安排远房亲戚朋友去澳门工作
到香港工作	毕业后留在香港工作	根据非本地毕业生留港/回港就业安排，在香港就读的非本地毕业生可申请非本地毕业生留港就业安排（Immigration Arrangements for Non-local Graduates，IANG）签证，留港 1 年寻找工作。工作 7 年就可以申请香港永久居留权
	香港优秀人才入境计划	2006 年 6 月，香港特区政府推出优秀人才入境计划，吸引全世界的优秀人才来香港工作、定居。并且，香港发布人才清单，符合人才清单相关专业资格的申请者，可在“优秀人才入境计划”的“综合计分制”下获得额外分数。该计划不要求申请人拥有香港企业的聘书就可以发给合格申请人赴港签证
	输入内地人才计划	香港的输入内地人才计划旨在吸引一些具有认可资历的内地专业人才来港工作，不限行业，亦不设限额。输入的人才必须拥有香港缺乏或无法实时提供的专业知识和技能，能为香港企业的日常运作及有关的行业做出贡献，以促进香港的经济发展
	一般就业政策	香港还实施输入外地劳工计划，主要针对海外及中国台湾地区、澳门地区的一般就业政策，提供了来香港工作的机会
	受养人身份	按照有关计划成功获准来港资格的人士，可以携带配偶及 18 岁以下未婚的受养子女来港定居、工作或就读。受养人在香港逗留的时间取决于保证人在香港的逗留期限
	输入中国籍香港永久性居民第二代计划	为吸引及挽留外地人才，推动经济发展，香港还推出输入中国籍香港永久性居民第二代计划，鼓励那些在海外出生的香港二代年轻人回流香港工作
到内地工作	内地就读后落户	各高校为港澳毕业生发放就业协议书，签发就业报到证，港澳毕业生可凭此顺利在内地就业、落户
	多政策鼓励港澳居民到内地工作或创新创业	取消港澳居民来粤就业许可制度配套政策措施；推动在粤就业的港澳居民同等享受各类就业创业补贴政策；推进完善港澳居民报考内地公务员的操作细则；打造港澳青年创新创业基地等

5.2　科研人才跨境流动的政策前沿

主体协同促进大湾区人才跨境流动。从政策出台来看，中共中央、国务院、科技部、国家发展改革委、财政部、国家税务总局以及人力资源和社会保障部陆续出台了相关文件，既对粤港澳大湾区的建设做出了纲领性指引，如 2017 年的《深化粤港澳合作 推进大湾区建设框架协议》以及 2019 年的《粤港澳大湾区发展规划纲要》，也对在中国境内无住所的个人居住时间，港澳台居民在内地就业创业的有关事项做出了进一步的说明，如2018年8月23日出台的《人力资源社会保障部关于香港澳门台湾居民在内地（大陆）就业有关事项的通知》和2019年3月14日出台的《关于在中国境内无住所的个人居住时间判定标准的公告》，这些文件的直接政策结果都是基于打造世界级湾区的前提下进一步为境外人才到内地工作提供更便利的条件，如提供税收差额补贴、放宽免税条件等。在此基础上，广东省委、省政府及各省级部门也出台了更具体的文件以支持纲要的落实，如规定珠三角九市人民政府要为在大湾区工作的境外高端人才和紧缺人才对其在九市缴纳的个人所得税已缴税额超过其应纳税所得额的15%计算的税额部分给予财政补贴；推进实现广东与香港注册建筑师、注册结构师、注册建造师执业资格互认，鼓励港澳私人执业医务人员到内地进行短期执业；为在内地创业的港澳台居民提供同等的政策扶持；试行科研人才按需办理往来港澳有效期3年的多次商务签注等。虽然这些政策文件多由广东省委、省政府出台，但是其执行却涉及多个不同的职能部门，以广东省人民政府出台的《关于加强港澳青年创新创业基地建设实施方案的通知》[①]为例，通知内明确规定了不同的任务由不同的部门负责，涉及多个职能部门或直属机构，见表5-6。

表5-6 加强港澳青年创新创业基地建设的主要任务和负责单位

主要任务	负责单位
构建全方位多层次政策支撑体系	省人力资源和社会保障厅、省发展改革委、省科技厅、省港澳办、省教育厅、省商务厅、省地方金融监管局、广东银保监局、团省委
打造一批创新创业孵化平台载体	珠三角九市政府、省人力资源和社会保障厅、省发展改革委、省港澳办、省教育厅、省科技厅、省工业和信息化厅、省自然资源厅、团省委、省地方金融监管局
营造宜居宜业的工作生活环境	省自然资源厅、省住房和城乡建设厅、珠三角九市政府、省市场监督管理局、省工业和信息化厅、省商务厅、省税务局、团省委、中国人民银行广州分行、省卫生健康委员会
建立粤港澳青年深度交流融合机制	省人力资源和社会保障厅、省教育厅、省港澳办、团省委、珠三角九市政府、省发展改革委、省科技厅、省工业和信息化厅、省交通运输厅、省推进粤港澳大湾区建设领导小组港澳青年创新创业基地建设专项小组成员单位

香港也制定了融入粤港澳大湾区建设相关的政策，包括创新及科技，金融服务，航运物流，CEPA[②]及专业服务，国际法律及争议解决服务，通关便利，医疗服务，教育，文化艺术、创业产业及知识产权，旅游，环保及可持续发展，青年发展等。其中与人才跨境流动相关的政策措施主要分为两部分：输入大湾区其他

① 广东省人民政府印发关于加强港澳青年创新创业基地建设实施方案的通知. http://www.cnbayarea.org.cn/policy/policy%20release/policies/content/post_168934.html.

② 2003年，内地与香港、澳门特区政府分别签署了内地与香港、澳门《关于建立更紧密经贸关系的安排》，简称CEPA。

城市的科技人才以及推动香港青年到内地实习或创业。具体而言，香港已成立“大湾区院士联盟”以推动湾区内的两院院士合作参与湾区建设；推出科技人才入境计划，在培育本地人才的同时快速输入内地科技人才；引进“原授专利”制度，允许专利申请人在香港直接申请标准专利；在《内地与香港关于建立更紧密经贸关系的安排》框架下鼓励香港具有合法执业资格的注册医疗专业技术人员到内地短期执业；推出青年内地实习资助计划、企业内地与境外暑期实习计划、青年内地交流资助计划，鼓励香港青年到内地进行短期交流与实习；成立 3 亿元的“青年发展基金”，鼓励香港青年在大湾区内进行创业。同样地，这些政策措施的落实需要香港特区政府多个职能部门或机构的合作，如入境事务处、创新科技处、香港科技园、数码港公司、创新及科技局、医院管理局、民政事务局及青年发展委员会等。

相比之下，澳门出台与大湾区建设相关的政策文件较少，更缺乏人才跨境流动相关的措施。2018 年 11 月，澳门特区政府设立了“建设粤港澳大湾区工作委员会”，其下设立创新、科技和智慧城市发展专责组。澳门 2019 年财政年度施政报告概要[①]显示特区政府 2019 年施政重点有：支持当地高等院校走进大湾区办学，合作发展；整合澳门紧缺人才需求资料，配合大湾区各城市定期发布和分享相关资料，促进大湾区人才信息交流；制定有利于人才跨境流动和区域融通的政策，探讨引进高端人才和专才的机制；统筹“大湾区青年合作发展计划”，推出“澳门青年湾区实习计划”，并推动澳门创新创业就业平台与大湾区其他平台对接，力图为湾区内青年创业提供更好的环境；加强与大湾区内其他城市的合作，拓展跨境养老、医疗、社会福利、社会援助等领域的互动对接和互利共享；通过发挥港珠澳大桥的通车效应，完善交通配套，尽力解决接驳道路拥挤问题，推进大湾区人流、物流更加便捷流动；加强粤港澳三地交流对接、共商共建，与中山共同建设“粤澳全面合作示范区”，进一步深化民生领域的合作，为澳门居民在内地的生活、工作、创业等创造更有利的条件。另外，澳门特别行政区 2019 年财政年度施政报告[①]内做出了 2019 年度经济财政范畴的工作计划，其中就包括积极参与粤港澳大湾区建设，支持澳门当地企业家走进大湾区考察，参与大湾区发展，与内地探索在大湾区内先行先试创新通关措施，促进人流、物流跨境便利化，支持青年到大湾区实习交流，深化与大湾区青年创新创业合作；引进大湾区优质企业落户澳门，从而吸引人才流动等。可见，澳门在融入粤港澳大湾区建设方面尚处于初步阶段，且目前主要停留在指出政策方向上，尚未出台具体的细化措施。但是通过对澳门特别行政区施政报告的梳理，可以看到澳门如欲融入大湾区的建设，同样需要多

① 2019 年财政年度施政报告. https://www.gov.mo/zh-hant/content/policy-address/year-2019/.

部门通力合作，以人才跨境流动为例，既需要人才发展委员会、政策研究和区域发展局、治安警察局，还需要市政署、身份证明局、劳工事务局、卫生局以及海关等部门或机构就同一个案或项目进行程序上的交接或审核。

政策从试点向全局逐步推进。复杂的现实条件导致大湾区人才跨境流动必然是从局部空间或项目试点向全局推进的过程（图 5-1）。广东省委、省政府印发的《关于贯彻落实〈粤港澳大湾区发展规划纲要〉的实施意见》[①]指出“试点允许取得建筑及相关工程服务等港澳相应资质的企业和专业人士为内地市场主体直接提供服务，并研究推出更多试点项目和开放措施”；广东省推进粤港澳大湾区建设领导小组印发的《广东省推进粤港澳大湾区建设三年行动计划（2018—2020 年）》[②]指出“推动扩大大湾区内专业资格资质互认范围”。“探索在广东自贸试验区允许具有港澳执业资格的金融、建筑、规划、专利代理等领域专业人才，经相关部门或机构备案后，按规定范围为自贸试验区内企业提供专业服务，试点成熟后，在大湾区内地复制推广。”粤港澳三地人才专业资格资质互认是推进人才跨境流动的重要配套措施，在个别项目或局部空间范围内“摸着石头过河”，总结执行经验和发展规律，并在此基础上向大湾区甚至其他内地城市全面推广，这是粤港澳大湾区发展建设的重要政策方向和策略。

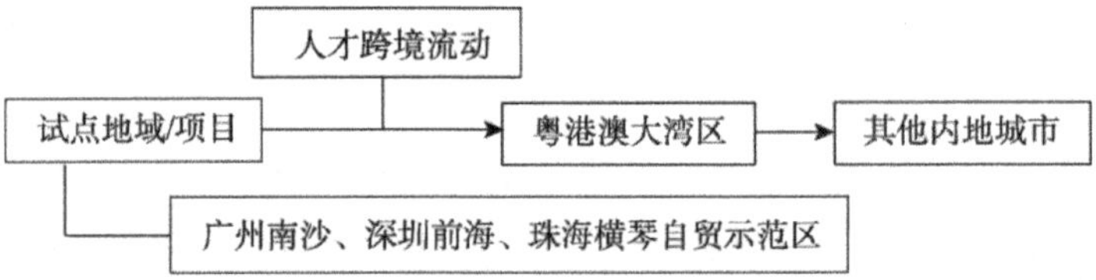

图 5-1 粤港澳大湾区发展政策特点：从局部试点到全面推进示意图

广州南沙、深圳前海以及珠海横琴是广东省内三个重点自贸示范区，也是粤港澳大湾区发展建设可选取的重要试点区域，这三个区域既具有得天独厚的地理位置优势，同时还享有独特的政策优惠，从而成为粤港澳大湾区协同发展的重点培育空间。横琴新区管委会办公室印发了《横琴新区支持粤澳合作中医药科技产业园发展的专项措施》[③]，深圳市前海深港现代服务业合作区管理局印发了《关于

① 广东省委、省政府印发《关于贯彻落实〈粤港澳大湾区发展规划纲要〉的实施意见》. http://www.cnbayarea.org.cn/policy/policy%20release/files/content/post_170129.html.

② 广东省推进粤港澳大湾区建设领导小组印发《广东省推进粤港澳大湾区建设三年行动计划（2018—2020 年）》. http://www.cnbayarea.org.cn/policy/policy%20release/files/content/post_170130.html.

③ 横琴新区支持粤澳合作中医药科技产业园发展的专项措施. http://www.cnbayarea.org.cn/policy/policy%20analysis/content/post_168565.html.

支持港澳青年在前海发展的若干措施》①，广州南沙新区推出了“粤港澳人才合作示范区”，亦从邮轮口岸通关、医疗教育配套等方面推动粤港澳三地人才跨境流动。为了促进粤港澳科技创新以及科技成果转化，加强高端科技人才交流，粤港澳三地主要高校科研院所及广东院士联合会等 22 个单位在广州南沙共同发起成立了粤港澳院士专家创新创业联盟。

5.3　科研人才跨境流动的主要问题

5.3.1　粤港澳三地制度协同问题

第一，出入境规定烦琐。目前针对人才往返内地与香港以工作、交流、培训或商务投资的出入境管理条例和相关的计划项目多样，程序较为烦琐，申请人必须获得签证或许可才可出入境，这需要经过多重审批。以澳门特别行政区雇佣外地雇员为例，审批外地雇员在澳门的工作许可属人力资源办公室的职权范围，而批准外地雇员进入及逗留澳门则属于治安警察局的权限，非澳门居民想申请在澳门就业，无论是长期还是短期的，都必须与这两个部门“打交道”。处理内地居民往返香港和澳门签证申请的时间一般为四到六周，特殊情况为三天或两周。就粤港澳三地人才流动而言，尽管粤港澳大湾区建设已进入轨道，但目前尚未出台专门针对粤港澳间人才流动的管理条例，尽管有部分意见或建议已出台成文，但尚未成为可执行的政策措施。2018 年 8 月 26 日《广东省人民政府关于加强基础与应用基础研究的若干意见》提出要“调整赴港澳商务签注适用范围及条件，便利我省科研人员按需申请办理签注多次往返港澳”；2018 年 12 月 24 日广东省人民政府印发《关于进一步促进科技创新的若干政策措施》，指出要“推进粤港澳大湾区国际科技创新中心建设”，“试行高校、科研机构和企业科技人员按需办理往来港澳有效期 3 年的多次商务签注，企业商务签注备案不受纳税额限制；允许持优粤卡 A 卡的港澳和外籍高层次人才，申办 1 副港澳入出内地商务车辆牌证”。

第二，税制差异较大。一方面，与香港地区相比，内地征收的税率较高。内地个人工薪所得税最高税率达 45%，而目前香港实行的是 15%的标准税率，澳门职业税最高税率也只有 12%；内地企业所得税税率实行比例税率，基本税率均为 33%，内资和外资所得税税率均分为基本税率和优惠税率，内资企业视具体情况同时实行 27%和 18%的优惠税率，外资企业的优惠税率分为 24%和 15%两档，反观香港和澳门地区却不征收关税和增值税，这严重影响到了港澳地区经商者或从

① 深圳市前海深港现代服务业合作区管理局印发《关于支持港澳青年在前海发展的若干措施》的通知. http://ftz.gd.gov.cn/zhl/content/post_2530117.html#zhuyao.

业人员到内地进行投资或短期就业（如三年）的积极性。另一方面，香港和澳门劳动者于纳税年度内在内地停留超过 183 天即需要按照内地个税规定征收个人所得税；而内地居民若要在港澳从业，必须要先申请赴港澳工作签证，而在港澳工作即需根据港澳相关法律要求缴税，这两者有可能会导致劳动者重复缴税。随着粤港澳大湾区的建设与发展，未来会有越来越多的人居住在深圳等城市而工作在香港，即生产与生活的空间分离，虽然内地与香港有避免双重课税协定，但这仍然加重了部分劳动者的生活负担，难以满足湾区居民频繁往来的需求，不利于长久的人才互通建设。

第三，社会保障制度差异。社会保障制度的差异使得粤港两地居民可享受到的养老、医疗、失业等保障待遇不一，即对未来存在较大的不确定性。而且，目前只有广东自由贸易试验区与港澳实行专业人才执业资格互认，但是珠三角其他城市与港澳之间尚存在金融、教育、法律、卫生等领域的执业资格差异。这些都是人才流动需要解决的难题。

5.3.2 引才机制碎片化，引才政策不聚焦

为了融入粤港澳大湾区的发展热潮同时完成贯彻落实《粤港澳大湾区发展规划纲要》的任务，粤港澳三地都出台了不同的项目或计划来吸引人才流动。就香港而言，出台了输入内地人才计划、科技人才入境计划以及优秀人才入境计划等吸引内地及澳门人才流向香港；深圳市推出了吸引海内外高层次人才的“1＋6”政策和“孔雀计划”；广州市推出“羊城人才计划”“红棉计划”；中山市推出“英才计划”；珠海市推出“英才计划”；惠州市推出“人才双十行动”；东莞市推出“特色人才特殊政策”等；而澳门在创新型人才和专业服务人才方面的引进力度一直不够，人才结构有待进一步优化。可见，粤港澳大湾区在人才引进方面的政策项目多样，形成了碎片化和宽泛化的局面。另外，目前尚未有关于人才或高端人才统一的定义和适用标准，一般由各地区根据当地实际情况制定，这进一步导致了粤港澳大湾区人才引进政策不聚焦的状况。引才机制碎片化和引才政策不聚焦会使得人才难以“对号入座”，从而加大了人才跨境流动的复杂性，同时也有可能会降低人才跨境流动的意愿。

另外，人才的多样性导致了各行各业的人才评判标准不一致，目前粤港澳大湾区尚未有专门针对科研人才跨境流动的政策文件，这体现了大湾区对科研人才的重视程度还不够高，不利于粤港澳大湾区科技创新的协同发展。

5.3.3 人才跨境流动的立足点尚未明确

经过对三地主要政策文件进行内容梳理，可以发现各地都比较重视人才的培

育和引进。但值得注意的是，粤港澳大湾区作为一个发展整体和区域城市群，更应注重的是在湾区内进行人才共享从而促进大湾区 11 个城市之间协同发展，共享成果。而目前各地出台的多样人才引进计划主要都是以薪酬待遇或各种补贴资助为诱饵来吸引人才，这种人才跨境流动很有可能是另一种形式的“抢人大战”。以香港出台的优秀人才入境计划为例，它是典型的移民吸纳计划，目的在于吸引高技术人才或优才到香港定居以提升香港的竞争力。诚然，城市间的竞争必然会存在，但是粤港澳大湾区的建设既是为了将其打造成世界级的城市群，还在于加强大湾区内部跨越社会体制之间的交流和共享。从政策出发点来说，人才跨境流动的立足点必须要明确为共享人才，否则就会造成 11 个城市之间不必要的恶性“抢人”竞争，粤港澳大湾区的协同发展也会走向不同社会制度或同一社会体制下地方政府之间的比赛。

5.4　科研人才跨境协同一体化的政策建议

补齐粤港澳大湾区创新人才短板，需要把大湾区的制度差别转变为制度优势，坚守“一国”之本，善用“两制”之利，面向国际竞争合作，面向未来战略布局。建议出台建设世界一流创新人才高地的相关战略规划和政策保障，积极谋划当前和今后一段时期人才和教育领域率先发展，为大湾区建设国际科技创新中心提供国际化智力支撑。面对现实困境，粤港澳大湾区需通过加强顶层设计、凝聚共识、创新共建共享机制、完善政策配套等，提升粤港澳大湾区人才协同发展效益和水平。

5.4.1　加强顶层设计，推动协同发展

（1）立法先行，为人才协同发展提供良好的法制环境。全国人大及其常委会围绕粤港澳大湾区建设的实际需求，加强重点领域创新性立法研究，系统推进粤港澳大湾区人才立法工作，尽快制定粤港澳大湾区内通行、与国际接轨的有关人才使用、流动、共享的法律制度。赋予广东更大立法权和行政管理权，支持粤港澳探索立法合作和法律制度协调合作，推动粤港澳大湾区法治协同发展，构建多元化、国际化的纠纷仲裁和调解机制。广东要用好用足特区立法权和地方立法权，为粤港澳大湾区人才协同发展保障立法预留立项接口。抓紧开展粤港澳大湾区人才协同发展制度保障和规则衔接梳理研究工作，力求粤港澳大湾区人才发展重大改革于法有据，以法律形式把改革成果固化下来，做到立法与改革决策相随而行。

（2）建章立制，确保人才协同发展稳步有序。加快完善粤港澳大湾区人才协同发展相关制度，明确粤港澳三地政府为来大湾区就业创业人才提供良好服务，

满足人才住房、医疗、教育等需要的责任。由国家发展改革委牵头，组织粤港澳三地，共同谋划编制粤港澳大湾区人才协同发展规划，明确三地在推动粤港澳大湾区人才协同发展中的责任、原则和任务，改变当前粤港澳大湾区人才规划布局各自为政，人才政策无序竞争、过度竞争局面。与此同时，粤港澳三地联手积极争取国家部委在粤港澳大湾区先试先行区域人才协同发展政策，逐步形成统筹协调、分工明确、运转高效、推进有力的粤港澳大湾区人才协同发展政策法规体系。

5.4.2 创新协同机制，打通发展梗阻

（1）设立“三级架构＋两级协调”决策推进机制。借鉴港珠澳大桥主体工程建设的经验做法，设立决策、协同、执行三级架构，作为承接中央、协调三方决策落地机制，即“粤港澳大湾区人才协同发展专责小组、三地联合人才工作委员会、粤港澳大湾区人才协同发展促进局”。以粤港澳大湾区人才协同发展促进局作为推进落实机构，该机构可采用事业单位法人模式，由三地政府共同设立，执行三地联合人才工作委员会的各项决策，对三地政府负责。

（2）建立粤港澳大湾区人社事业协同发展联席会。利用“一国两制”制度优势和改革开放40多年来形成的紧密经贸、产业分工合作优势，顺应粤港澳大湾区城市间人才流动与合作新趋势，借鉴京津冀、长三角城市群、长江中游城市群经验，建立粤港澳大湾区人社事业协同发展联席会，签署专项人才合作协议与合作框架。重点推进劳务协作对接，推动人力资源服务区域协同发力；联合推出人才流动合作计划，顺畅粤港澳大湾区内人才社会保险关系转移接续、扩大专业技术人才资质互认范围，促进区域内人才的合理流动、人才资源共享；联合推出人才发展计划，开展技能人才联合培养；联合推出人才治理协同管理行动计划，建立健全劳动关系协作机制。

（3）设立三方共同投入的人才基金。按照“政府引导、市场运作、三方监管、共享共赢”原则，由粤港澳三地政府共同出资设立大湾区人才协同发展基金，重点支持港澳科研成果转化、港澳青年人才创业、粤港澳联合科技攻关和人才交流培训等粤港澳大湾区人才协同发展重大项目。

（4）设立“大湾区研发框架计划”。粤港澳三地政府共同出资，将各自需要研发的项目统一提交到“研发框架计划”内，采取公开发布招标、定向委托等方式，吸引全球顶尖人才参与，科研成果按出资情况共享共用。三地政府共同设立“创新创业引导基金”和“研发资金池”，对重点产业领域的优质创新项目在初创期给予一定的启动资金支持，对研发投入大、占比高的企业实行分档奖励。

5.4.3 强化人文融通，激发内生活力

（1）把对港澳人才的政治引领和政治吸纳摆在更重要位置。针对当前港澳人才身份认同、文化认同、价值认同不足问题，要更加重视对港澳人才的思想政治引领，发挥粤港澳大湾区历史资源丰富、人脉文脉和经贸关系优势，在粤港澳大湾区设立爱国、国情研修中心（基地），采取和风细雨、润物无声的方式，定期组织港澳人才开展教育培训、国情研修活动，增强港澳人才对祖国、粤港澳大湾区的认同感和归属感，将个人发展与国家整体发展结合起来。加大在港澳人才中发展党员的工作力度，将更多港澳人才集聚到党和国家的伟大事业中来。

（2）增进港澳人才对粤港澳大湾区的了解。针对港澳人才对内地了解不够而“不敢来、不想来、不愿来”的问题，发挥高校联盟、职教联盟、民间组织和在粤工作生活的港澳人才作用，利用港澳媒体讲好大湾区故事，讲好在粤创新创业港澳人才的成功故事，宣传粤港澳大湾区政策。在港澳人才集中的地方，开展多种形式的交流活动。

（3）以青年为着力点加强人才联合培养和人文交流。鼓励三地高校开展形式多样的“2 + 2”“3 + 1”联合学位、暑期课程、学分互认等开放培养项目。支持粤港澳人才联合组建创新创业团队，以港澳地区的高等院校、科研机构和企业等作为协作单位，申报联合人才培养计划。实施青年科技人才托举工程，发挥粤港澳专业协会的桥梁纽带作用，共同推荐、联合培养、重点扶持一批潜力型、成长型粤港澳青年科技人才。实施粤港澳高校毕业生就业携行计划，定期组织青年学生参加跨境就业创业夏令营、创业大赛、青年人才地市行等活动。搭建粤港澳青年交流平台，举办交流沙龙及座谈会，分享在大湾区创业就业经验，营造互学互鉴氛围。共同支持港澳青年到大湾区内地城市开展实习交流活动，加强港澳青年创新创业项目孵化，为通过审核的优秀创业项目提供项目路演及天使资本对接机会，打造“粤港澳 + ”青年创新创业活动品牌。

5.4.4 聚焦公共服务，提升发展效益

（1）加强基础设施“硬联通”。加快以轨道和高等级公路为主体的城际快速交通网络，尽快实现粤港澳大湾区主要城市间 1 小时通达，降低城市间物流、人流交易成本。通过快速交通网络体系建设，逐步形成“粤港澳大湾区都市圈住房”，打造城际住房，以此缓解广深港珠等主要城市的住房压力。

（2）加强公共服务“软联通”。粤港澳共同制定优化人才公共服务领域的福利服务流动对接办法，实现公共服务“软联通”。在社保方面，推行三地通用的社保卡，持卡者在粤港澳大湾区任一城市都能获得所需社保服务。在医疗方面，做好

港澳居民在粤港澳大湾区使用港澳医保直接支付医疗费用工作基础上，进一步完善港澳居民跨境就医的政策举措，如建立粤港澳三地通行的电子医保卡，满足持卡者在三地就医需求。在教育方面，深度整合优势，实现三地教育资源的互享互用，鼓励各类资本在湾区内地设立多种类、多层次的学校，扩大优质教育服务供给。在养老服务合作方面，借鉴港澳等境外保险机构先进经验，引导和鼓励商业保险机构参与养老健康服务产业，加大"保险＋养老""保险＋健康"服务创新力度和康养社区建设。在人力资源服务业方面，引进国际知名人力资源服务机构，培育发展专业化、产业化、国际化的人力资源服务业产业集群，提升大湾区全球配置人力资源的能力；推进三地人才评价标准贯通、流程统一、内容协同和数据一致的服务指标体系，实现信用共管、准入一体、信息互通、执法协作和结果互认；加强服务队伍和平台建设，贯通政策落实落细最后一公里。

（3）畅通人才流动。以"大湾区人才"统称时下的港澳籍人才和内地人才。率先探索对持有中国护照或香港特别行政区护照、澳门特别行政区护照，经粤港澳三地任一方认定为高端人才的，确定为大湾区人才。对于大湾区人才，允许其及其配偶、子女在粤港澳大湾区 11 个城市自由定居、生活、学习、工作。深化推进外国人才管理服务改革，提高粤港澳大湾区人才国际化水平。继续简化签注办理手续和流程，缩短外籍人才办理永久居留服务审批期限。设置人才通关绿卡，为符合条件的人才不限户籍提供一年多次港澳签注，为人才往来三地提供通关便利。

5.4.5 建设载体平台，支撑人才流动

（1）共建新型湾区大学和科学院。整合三地科技、教育、人文等优势资源，粤港澳三地政府、高校、企业和社会多方合作创建一批世界级高水平的新型"湾区联合大学"，按大湾区建设需要培养一批急需的专业和复合型人才；合作创建"湾区科技大学"，以全新的联合办学模式建设立足应用基础研究、服务大湾区科技产业发展的新型理工科大学，支撑大湾区创新驱动发展。作为平台和枢纽，"湾区联合大学""湾区科技大学"可打破三地高等教育交流合作的体制壁垒，探索区域高等教育协同发展的中国方案。抢抓国家布局科创基础设施机遇，三地筹建大湾区科学院、大科学装置等科研基础设施，在重大领域、产业发展关键领域开展联合研究和创新。

（2）搭建网络教育和在线教育平台。搭建大湾区劳动力共同市场网络教育和在线教育平台，并联合推出一批企业和人才急需的现代企业管理知识，如商业谈判、产品营销、成果转化、创新创业等精品课程，帮助在大湾区就业创业人才通过网络教育和在线教育平台自学所需的商业以及企业管理知识，完成由单纯科研人才、科研精英向高素质的复合型人才的转变，增强人才流动、转岗就业、协同

发展能力。

（3）共建科研平台。瞄准新一轮科技革命、产业革命的前沿，在湾区布局建设一批创新中心、科技产业园、创新研究院、创新工场。加快推进“广深港创新走廊”建设，积极推进三地城市间共建高科技产业园。充分发挥中央政府部门的协调统领作用，在港、澳与内地城市建设国家重点实验室、国家重点工程项目平台的伙伴实验室。依托粤港澳青年创新创业平台、博士后科研工作站等平台，开展三地急需紧缺专业人才和项目常态化合作，推动区域专业人才联合攻关、行业项目深度合作等，实现三地人才资源共享共融共建。鼓励大湾区各高校、科研院所和企业联合开展重大技术攻关，联合申报国家重点项目，联合推动科研成果转化。

（4）共建孵化生态区。利用香港先进的科研资源，深圳成熟的制造基础，广州高校科研力量和较好的应用落地平台，以“广深港澳创新走廊”为主轴，三地政府联合引导，企业为主体，社会广泛参与，围绕大湾区产业发展需求，培养和扶持一批服务科研成果转化的中介组织和“孵化器区域”，将已有的孵化器串联起来，通过完善、升级配套基础设施提升服务功能，组成孵化器生态系统，为进入“孵化器区域”的企业提供创新阶段所需的资源聚合支持。为湾区高校教师和研究人员的科研成果转化提供全方位服务，提升科技成果转化率。

（5）共建共享大湾区人才大数据库。以深圳和香港等地已有的国际化人才大数据中心为基础，推动大湾区科技人才专业数据库、信用数据库、科研成果数据库等的共建共享。建立大湾区人才、项目、政策信息数据库；建立科学有效的国际人才识别系统，通过大数据技术对外籍人才的专业水平进行动态评价、检测；共建专家个人信用记录管理系统，通过大数据技术简化人才服务流程；共建大湾区劳动力共同市场人才与工作岗位匹配度的数字化信息平台，将获得“大湾区人才”资格的人才信息和企业需求信息录入系统，通过系统匹配，为大湾区人才提供快捷的企业岗位需求指引。

第 6 章

科研经费跨境协同一体化

6.1 科研经费跨境流动的基本情况

科研经费是政府为解决科技问题、推动科技发展、促进技术创新而产生的经费支出，不同区域的科研经费制度因受政治制度、政府偏好、经济发展水平、思想观念等因素的影响，呈现出不同的特征。不同的制度特征对科研经费管理及使用的要求不同，研究并明晰粤港澳三地特有的科研经费制度特征，是了解粤港澳大湾区科研经费跨境流动现状、探索粤港澳大湾区科研经费跨境使用制度创新的前提条件。

6.1.1 粤港澳三地科研经费制度及特征

1. 香港科研经费制度及其特征

香港科研扶持资金由隶属于香港创新及科技局的创新科技署管理，以创新及科技基金为主，其下设创新及科技支援计划(含粤港科技合作资助计划)、一般支援计划、企业支援计划、投资研发先进回馈计划、科技券计划、大学科技初创企业资助计划、伙伴研究计划、院校中游研发计划等。香港科研经费制度的特征有以下几点。

一是创新及科技支援计划占据主导地位。创新及科技基金下设的众多计划中，创新及科技支援计划的资助金额最多，截至 2019 年 6 月 30 日，共核准项目 2498 个，核准资助金额 88.395 亿元，占基金总额的 52%，是香港创新科技署最重要的科技计划，主要支援由大学、研发中心、产业支援组织、专业团体及商会所进行的中下游研发项目，致力于提升香港科技创新水平和经济竞争力。

二是资助领域以电气电子和资讯科技为主。香港高度重视产业创新能力的提升，截至 2019 年 6 月 30 日，创新及科技基金核准资助金额 169.937 亿元，重点下设计划资助领域包括生物科技、电气及电子、资讯科技、基础工业等，其中，电气及电子产业主要包括集成电路、电子消费品和光电子等细分领域，受资助金额最高，达 36.122 亿元；资讯科技次之，受资助金额达 28.066 亿元；基础工业随后，包含汽车零部件、中药等多个产业领域，受资助金额达 24.574 亿元。经过政府多年的扶持，香港电气及电子产业和电信业获得了迅猛发展，积累起强大的竞争优势。

三是申报对象限香港境内创新主体。香港各类科研扶持资金申报文件均明确规定，其申报主体必须为本地公营科研机构、研发中心、中小型科技企业、专业团体、产业支持组织等，境外创新主体不具备扶持资金申报资格。

四是部分计划允许科研经费跨境使用。创新及科技支援计划、公营机构试用计划、院校中游研发计划均提出，允许部分研发活动在内地进行，但研发工作及相关开支不能超过总额的 50%；如部分研发工作需要在香港境外（内地除外）进行，必须事先征得创新科技署批准。

2. 澳门财政经费制度及其特征

澳门科研扶持资金以科学技术发展基金为主，受澳门特别行政区行政长官监督，下设科研资助、科普资助、专利资助、联合资助、企业创新研发资助、构建智慧城市科研项目资助、重点研发专项资助等类别。澳门财政科研经费制度的特征有以下几点。

一是资助领域以生物医药及信息资讯为主。2017 年度，在澳门科学技术发展基金科研资助领域中，自然科学受资助金额最高，达 5352.32 万元，占基金总额的 35%；中医药次之，受资助金额为 3866.76 万元，占基金总额的 25%；信息与通信科技随后，受资助金额 2256.96 万元，占基金总额的 15%。

二是资助对象限本地创新主体。澳门各科技计划申报文件均明确规定，资助对象为本地大学、学院及研发中心，在澳门从事研发的实验室或实体，本地非谋利私人机构，在澳门注册从事研发的商业企业及企业家，在澳门从事研发的人员等，非本地创新主体不具备申报资格。

3. 广东科研经费制度及其特征

根据《广东省人民政府关于印发深化广东省级财政科技计划(专项、基金等)管理改革实施方案的通知》（粤府〔2016〕14 号）、《关于进一步完善省级财政科研项目资金管理等政策的实施意见（试行）》（粤委办〔2017〕13 号）、《广东省人民政府关于印发广东省省级财政专项资金管理办法（试行）的通知》（粤府〔2018〕120 号）等文件的精神，广东省对财政科研经费制度进行了调整。目前广东省财政科研经费主要分为两类：一是科技发展专项资金，由省科技厅管理，涵盖基础与应用基础研究、公益研究与能力建设、前沿与关键技术创新（重大科技专项）、产业技术创新与科技金融结合、协同创新与平台环境建设等细分专项；二是重大科技成果产业化基金，其按照市场化方式运作，是扶持重大科技成果产业化的政策性基金。广东省科研经费制度的特征如下。

一是资助领域较为多元化。重大科技专项重点支持精准医学与干细胞、新一代通信与网络、新一代人工智能、新能源汽车、典型先进功能材料研发与应用、材料基因工程、激光与增材制造、智能机器人与装备制造等战略性新兴产业，其他专项大多对产业领域不设限制，只要符合申报条件、具有科技创新活力的产业领域均可以申报。

二是申报对象限本地创新主体。申报单位原则上须为广东省内注册的科研院所、高校、行政机关、企事业单位和行业组织等具有独立法人资格的主体，非省内创新主体不具备申报资格。

三是大多可预留部分经费供境外使用。大部分广东省科技项目申报单位可根据所申报的项目性质，在经费预算的国际合作与交流费科目中预留一定数额的经费用于境外交流与合作。

6.1.2 港澳与广东科研经费对接探索

粤港澳在科研经费制度创新方面已经进行了一定的探索，取得了一定的成果。在政策层面，粤港科技合作资助计划是其中的典型案例。这一计划启动于 2004 年，计划分三类，第一类由香港创新及科技基金资助、第二类由内地相关单位资助、第三类由粤港或深港两地政府联合资助，旨在鼓励粤港两地的大学、科研机构和科技企业加强合作，推动粤港两地新兴技术领域联合技术攻关和科技成果转化，以提升粤港澳大湾区产业的科技水平。粤港科技合作资助计划的实施，是推动粤港两地科技合作逐步深入的重要举措，也是科研经费制度创新的有益探索，具有重大的意义与价值。然而在实际的推进过程中，粤港两地在科研经费流动方面制度创新的进展不一，香港规定“容许最多 50%的研发工作以及相关开支在内地进行”，而广东省规定“本专项资金只支持在广东境内注册的机构作为申报承担单位，合作各方可在广东境内使用该专项资金；须在广东境外使用资金的，建议承担单位用自筹或其他资金列支”。粤港两地在科研经费跨境流动及使用方面还存在一定的体制机制障碍。

在现实层面，2019 年 7 月 30 日，广东省财政厅将香港科技大学承担的广东省级科研项目财政资金 316.96 万元跨境拨付到香港。这是广东省在全国率先实现的第一笔省级科研资金跨境拨付，也是在粤港澳大湾区内第一次实现了科研资金跨境自由流动。

6.2　科研经费跨境流动的政策前沿

创新是引领发展的第一动力，是推动高质量发展的战略支撑。为在新时代深入实施创新驱动发展战略，促进内地与香港、澳门特别行政区发挥各自的科技优势、加强科技合作，推进粤港澳大湾区国际科技创新中心和开放型区域协同创新共同体建设，支持粤港澳大湾区科技创新发展，提升区域和国家的自主创新能力，发挥科技创新对经济社会发展的支撑引领作用，中央和粤港澳地方政府相继出台了一系列重要的政策文件，从多方面逐步清除阻碍科技创新的各种制度和机制上的壁垒、障碍，尤其是为前沿性和战略性的重大科技项目提供了许多激励和扶持举措。2018 年 5 月，科技部、财政部印发《关于鼓励香港特别行政区、澳门特别行政区高等院校和科研机构参与中央财政科技计划（专项、基金等）组织实施的若干规定（试行）》指出："港澳特区的高等院校和科研机构（以下简称港澳机构）可通过竞争择优方式承担中央财政科技计划项目，并获得项目经费资助。""港澳机构可联合内地单位，按照指南要求牵头或参与申报中央财政科技计划的相关项目，并根据港澳特区科研活动的实际支出情况提出项目经费需求。"[①]2018 年国务院正式印发了《进一步深化中国（广东）自由贸易试验区改革开放方案》指出："推动与港澳在科技金融、技术研发和转化、知识产权保护和运用、人才引进和培养、科技园建设和运营方面的交流与合作。实施粤港澳科技创新合作发展计划和粤港澳联合创新资助计划。"[②]2019 年 2 月中共中央、国务院印发的《粤港澳大湾区发展规划纲要》指出："允许香港、澳门符合条件的高校、科研机构申请内地科技项目，并按规定在内地及港澳使用相关资金。支持粤港澳设立联合创新专项资金，就重大科研项目开展合作，允许相关资金在大湾区跨境使用。"相关政策汇总如表 6-1 所示。

表 6-1　我国重大科研经费相关政策汇总

发文机构	政策名称	时间	主要内容
科技部、财政部	关于鼓励香港特别行政区、澳门特别行政区高等院校和科研机构参与中央财政科技计划（专项、基金等）组织实施的若干规定（试行）	2018 年 5 月	港澳特区的高等院校和科研机构可通过竞争择优方式承担中央财政科技计划项目，并获得项目经费资助。港澳机构可联合内地单位，按照指南要求牵头或参与申报中央财政科技计划的相关项目，并根据港澳特区科研活动的实际支出情况提出项目经费需求

① 科技部 财政部关于印发《关于鼓励香港特别行政区、澳门特别行政区高等院校和科研机构参与中央财政科技计划（专项、基金等）组织实施的若干规定（试行）》的通知. http://www.locpg.gov.cn/jsdt/2018-05/14/c_129871891.htm.

② 广东省人民政府转发国务院关于印发《进一步深化中国（广东）自由贸易试验区改革开放方案》的通知. http://www.gd.gov.cn/gkmlpt/content/0/147/post_147084.html#7.

续表

发文机构	政策名称	时间	主要内容
国务院	进一步深化中国(广东)自由贸易试验区改革开放方案	2018 年 5 月	推动与港澳在科技金融、技术研发和转化、知识产权保护和运用、人才引进和培养、科技园建设和运营方面的交流与合作。实施粤港澳科技创新合作发展计划和粤港澳联合创新资助计划
中共中央、国务院	粤港澳大湾区发展规划纲要	2019 年 2 月	允许香港、澳门符合条件的高校、科研机构申请内地科技项目，并按规定在内地及港澳使用相关资金。支持粤港澳设立联合创新专项资金，就重大科研项目开展合作，允许相关资金在大湾区跨境使用

同时，广东省政府根据国家政策文件积极探索促进大湾区科研协同创新相关举措。2018 年 12 月，广东省政府印发了《关于进一步促进科技创新的若干政策措施》，简称“科创 12 条”。在资金流动方面，“科创 12 条”明确提出“省科技计划项目向港澳开放，支持港澳高校、科研机构牵头或独立申报省科技计划项目。建立省财政科研资金跨境使用机制，允许项目资金直接拨付至港澳两地牵头或参与单位”。“建立资金拨付绿色通道。”“鼓励有条件的地级以上市向港澳开放科技计划项目”。2019 年 1 月，广东省科技厅、财政厅联合印发《关于香港特别行政区、澳门特别行政区高等院校和科研机构参与广东省财政科技计划（专项、基金等）组织实施的若干规定（试行）》；2019 年 6 月，《广东省财政厅 广东省审计厅关于省级财政科研项目资金的管理监督办法》；2019 年 7 月，广东省委、省政府印发《关于贯彻落实〈粤港澳大湾区发展规划纲要〉的实施意见》；同月，广东省推进粤港澳大湾区建设领导小组发布了《广东省推进粤港澳大湾区建设三年行动计划（2018—2020 年）》。相关政策汇总如表 6-2 所示。

表 6-2 广东省政府科研经费相关政策汇总

发文机构	政策名称	时间
广东省政府	关于进一步促进科技创新的若干政策措施	2018年12月
广东省科技厅、财政厅	关于香港特别行政区、澳门特别行政区高等院校和科研机构参与广东省财政科技计划（专项、基金等）组织实施的若干规定（试行）	2019 年 1 月
广东省财政厅、审计厅	广东省财政厅 广东省审计厅关于省级财政科研项目资金的管理监督办法	2019 年 6 月
广东省委、省政府	关于贯彻落实《粤港澳大湾区发展规划纲要》的实施意见	2019 年 7 月
广东省推进粤港澳大湾区建设领导小组	广东省推进粤港澳大湾区建设三年行动计划（2018—2020 年）	2019 年 7 月

此外，广东各市级政府也积极响应省政府的号召，陆续出台相关政策指导文

件。2018 年 6 月，深圳市科技创新委员会、深圳市财政委员会印发《深圳市“深港创新圈”计划项目管理办法（试行）》；2019 年 5 月佛山市政府出台《佛山市全面建设国家创新型城市促进科技创新推动高质量发展若干政策措施》；2019 年 7 月，深圳市政府印发了《深圳市科技计划管理改革方案》；2019 年 7 月，珠海市政府出台《珠海市贯彻落实“省科技创新十二条”政策措施》；2019 年 7 月，广州市出台《关于进一步加快促进科技创新的政策措施》。相关政策汇总如表 6-3 所示。

表 6-3　广东各市级政府科研经费相关政策汇总

发文机构	政策名称	时间
深圳市科技创新委员会、深圳市财政委员会	深圳市“深港创新圈”计划项目管理办法（试行）	2018 年 6 月
佛山市政府	佛山市全面建设国家创新型城市促进科技创新推动高质量发展若干政策措施	2019 年 5 月
深圳市政府	深圳市科技计划管理改革方案	2019 年 7 月
珠海市政府	珠海市贯彻落实“省科技创新十二条”政策措施	2019 年 7 月
广州市政府	关于进一步加快促进科技创新的政策措施	2019 年 7 月

6.3　科研经费跨境流动的主要问题

虽然广东省在科研经费跨境流动问题上实现了突破，但是现阶段，就总体情况而言，粤港澳大湾区科研经费的配置和管理仍处于割裂状态，不仅科研经费的申报资格均限于本行政区创新主体，而且经费在非本行政区使用限制重重。粤港澳三地科研经费不能很好地实现跨境流动，主要是粤港澳在财务会计制度、货币类型和经费管理机构等方面均存在较大差异性，这对于科研经费的跨境申报、跨境管理、科技活动的开展以及科技成果的转化等都产生了明显的不利影响。

1. 财务会计制度差异大

由于长期以来经济制度不一致，粤港澳已经形成了差异性较大的财务会计制度。例如，在会计准则方面，粤港澳对“公允价值”和“账面价值”的处理、资产减值计提、关联方交易披露侧重点等诸多规则有所不同。在“公允价值”和“账面价值”的处理方面，香港和澳门更强调公允价值的使用，广东则偏重于账面价值的使用。资产减值计提方面，三方的会计准则均提出，应根据资产的实际情况计提减值准备，但香港和澳门更强调公司和会计师的专业判断，广东则对很多细分场景进行了明文规定。又比如在资金使用凭证方面，广东省对科研经费的主要财务凭证——发票的管理较为严格，广东省的发票由税务机关统一管理和监督其印制、领购、开具、取得、保管、缴销，每张发票均具有独一无二的流水账号码。与内地不同，港澳的发票并非由税务机关统一印制，企业可以自行印制发票，盖上企业公章并经负责人签字后即可生效，不同企业的发票各不相同。广东与港澳发票之间存在的较大差异性对粤港澳实施跨境科研财政经费管理和审批造成一定困难，是粤港澳推动科研经费跨境使用制度创新需要解决的重要问题。

2. 货币类型多样化

粤港澳三地分属“一国两制”的不同行政区，其货币各不相同，广东省以人民币为法定货币，中国人民银行是其主管机关，负责人民币的设计、印制和发行。香港以港币为法定货币，主要在香港金融管理局监管下，由渣打银行（香港）有限公司、香港汇丰银行有限公司及中国银行（香港）有限公司等 3 家香港银行负责发行，少部分由香港金融管理局自行发行。澳门以澳门元为法定货币，澳门货币的发行权由澳门货币暨汇兑监理署所有，由大西洋银行和中国银行澳门分行发行。粤港澳多样化的货币制度，致使资金往来受汇率影响极大，而汇率往往随着时间不断起伏变化，给科研经费跨境流动带来很大影响，也对开展科研经费跨境预算和验收带来一定困难，不利于科研经费的效用最大化。

3. 科研经费管理主体协同不足

一是粤港澳三地科研经费管理机构和管理制度不尽相同。广东省实施社会主义制度，主要由广东省科技厅负责对科研经费进行分配、管理和监督，而广东省财政厅则负责科研资金总量的研究和安排。香港实施资本主义制度，主要由香港创新及科技局属下的香港创新科技署对科研经费进行分配、管理和监督，财务委员会负责对预算安排进行审核。澳门实施资本主义制度，主要由澳门科技委员会负责科研经费的分配、管理和监督。不同的制度安排和环境特征导致粤港澳三地对科研经费的管理难以有效对接，致使道德风险管控力度下降，特别是对异地申报主体而言，如果发生科研经费违法使用或挪用、利用制度漏洞侵占科研经费等情况，当地的管理机构不但不能及时发现，事后追偿也困难重重，不利于大湾区跨境科研活动的可持续发展。

二是科研经费跨境使用及管理改革创新不够。中央已出台了一系列关于加强科研经费跨境流动及使用改革的政策举措，但从粤港澳大湾区科研项目主管部门、地方管理部门和各科研院所已出台的地方性科研经费跨境流动及使用的改革政策来看，仍存在对中央关于科研经费跨境流动及使用改革政策精神把握不准确、解读不透彻、贯彻落实不到位、创新政策措施不具体、科研经费使用特点体现不充分等问题，影响科研经费的使用效率和科研人员的创新积极性。

三是科研经费跨境管理约束措施多。粤港澳大湾区出台的科研经费跨境流动及使用的改革措施大多与行政经费管理措施相同，带有明显的行政化特色，未能体现科研工作经费支出的特点，影响到科研经费跨境的使用不能满足科研工作的实际需求，使得科研人员认为科研经费跨境使用和管理的制度中约束措施多，绩效激励政策少，制约了科研经费的合理使用，极大地影响了科研项目承担单位和科研人员开展科技创新的积极性。

四是政策激励作用发挥不充分。目前，粤港澳大湾区尚未真正建立“与岗位职责、工作业绩、实际贡献紧密结合的分配激励机制”，现有的科研经费跨境流动及使用政策制度中，对绩效支出安排与科研人员实际贡献结合不紧密，特别是对绩效支出安排规定不明确，各级纵向科研课题和横向委托科研课题经费支出管理“一刀切”现象严重；横向课题中项目研发团队成员因受科研经费劳务费支出比例限制（一般高校对劳务费支出的比例控制在 20%～30%，劳务费的归属对象仅限于在校研究生、校外专家、临时聘用人员），不能按合同约定获得相应的研发劳务报酬，制约了科研经费激励作用的发挥，影响科研人员科技创新的动力和活力。

4. 制度规范不全面，可操作性差

目前，由于大湾区地方管理部门、各高校和科研院所针对科研经费的预算编制、审核、使用、结余经费管理、间接费用统筹使用的制度还不够健全和规范，科研经费跨境流动、使用及管理运作中仍存在执行难、操作不规范等问题。

一是制度规定不明确，可操作性差。2018 年以来，国务院、财政部、科技部相继出台了多份与高校科研经费管理相关的重要的政策法规，这些政策文件的出台对科研经费跨境流动和使用中比较突出的问题进行了进一步的明确和规范。然而，制度的修改进度始终赶不上科技发展的节奏，粤港澳大湾区各级主管部门对科研经费管理制度中科研经费跨境流动和使用、劳务费分配比例及科研奖励激励等内容规定比较笼统，缺乏具体规定和相关配套细则，可操作性不强，导致各科研单位在制度执行中出现不同的偏差，涉及跨境问题的科研经费管理难、报销难的问题比较突出。

二是科研经费预算不规范，可执行度差。地方管理部门、各科研院所财务部门在各类科研项目执行过程中参照中央或其他省（市）科研项目经费使用预算简表编制科研经费预算，由于预算科目设置不合理、报销规定限制较多，加之项目主管单位、项目承担单位、科研人员对经费预算编制不重视，科研课题经费预算编制不合理、不规范，特别是在科研经费涉及跨境问题时，在实际使用中挤占、挪用、无法支付等现象频发，加大了科研人员使用科研经费的风险和报销支付的

工作量，极大地挫伤了科研人员参与跨境科研活动和进行科技创新的积极性和能动性。

三是地方管理部门和科研单位内控制度与机制不健全。目前，大湾区跨境科研项目承担单位在内部的自查自纠、责任倒查等内部监督问题上，缺乏完善的内控制度和监督机制，对跨境科研经费支出报销的把控还不够严格，容易出现科研经费支付不符合相关规定的情况，导致不同管理部门稽查时出现不同的问题，只能被动地应对处理，严重影响到跨境科研经费的有效使用。

四是科研经费管理部门和监督部门缺乏联动性。由于大湾区科研经费管理部门和纪检监察、审计、巡视等监督部门分属不同的系统，各部门往往按照各自的职责独立运行，相互之间缺乏联动机制，对跨境科研经费的管理使用也有不同的要求，因而在管理审查的过程中往往出现看法不一致、措施有差异的现象，导致跨境科研经费的管理使用与监察审计的规范性、统一性较差。

6.4 科研经费跨境协同一体化的政策建议

要解决经费跨境的问题，主要是让科研人员经费的审批、使用、审核等环节能够顺畅。针对上述问题，我们认为可以通过借鉴相关经验，建立大湾区研究基金来解决。首先，建立湾区研究基金可以统筹科研基金的管理、审批、使用的一系列流程，可以简化申请流程，同时各种科研计划汇聚到一起可以更方便地供科研人员研究。其次，可以根据湾区目前的发展情况提出更有针对性的科研计划，加速科研落地、提升科研对经济的促进作用。

6.4.1 大湾区科研基金政策构建原则

根据湾区实际情况，明确政策构建方向。粤港澳大湾区地处我国沿海开放前沿，是我国开放程度最高、经济活力最强的区域之一，经济总量大，科研基础雄厚，高端科研人才密集，科研经费投入稳定增长，科研成果转化率较高，但与国际一流湾区和世界级城市群相比，粤港澳大湾区在人才、资金流、物流、信息流等生产要素的跨境流动和对接方面还存在较大差距。要弥补差距，实现跟跑、并跑再到领跑，粤港澳大湾区必须加大海内外优秀人才的引进和科研经费的投入力度，在科研经费使用及管理方面进行具有突破性的改革，要学习和借鉴美国的先进经验，选准科研经费使用管理制度改革的突破口和路径，制定出符合粤港澳大湾区科研工作实际需要的科研经费使用管理改革的“新版本”。

要以激发创新活力，调动科研人员积极性为根本目的。人是生产力的第一要素，人的创造力能否得到发挥或能得到多大程度的发挥，关键在于能否调动人的生产积极性，由此可见，调动人的创新积极性、创造性对于实现科技创新至关重要。中央关于科研经费管理改革的精神重点强调的是要以“激发创新活力，调动科研人员积极性和创造性为出发点和落脚点”，因此必须以激发科研人员的创新积极性、增加科研精品项目、提高科研成果质量、多出成果、鼓励科研人员积极参加科研项目等方面为重点，建立科研经费管理制度和机制，充分调动和激发科研人员的创新活力，增强科技创新成果对经济社会发展的支撑作用。

要以创新科研经费管理方式，加强制度建设为抓手。创新科研经费管理方式，加强制度建设是科研经费使用及管理改革取得突破性创新成果的前提和保证。因此，要以创新科研经费管理方式为根本，加强制度建设，将各项创新政策和措施用制度形式固定下来，用制度管人管事，做到疏而不漏，相得益彰。同时，要以信息化平台为载体，优化职能配置，完善科研经费管理方式。当今社会已进入以信息化平台为载体的大数据时代，如果不能顺应时代发展趋势，搭乘高效、便捷的信息共享平台，就无法掌握科研动态和学术成果现状。创新科研经费管理方式，加强信息化平台建设和制度建设是科研经费使用及管理改革不可偏废的两翼。

6.4.2　大湾区科研基金政策主要内容

1. 加强组织领导，强化政策引领作用

第一，完善顶层设计，加强制度建设。科技创新是实施创新驱动发展战略的核心，而科研项目和资金管理改革是加强科技创新的切入点和突破口。针对大湾区目前的科研情况和相关政策措施，明确科研经费管理和使用的基本原则、职能主管部门的职责、权限，设定基金的目标任务、方向、步骤和效果，划定路线图、时间表，并按照计划有序进行。

第二，成立科研项目经费管理小组。要解决经费跨境问题，就要根据中央下达的指导性文件，用开创性方法解决经费的跨境支付、跨境使用和跨境审批等方面出现的问题。由于科研经费管理涉及面广、内容复杂，为统筹推进湾区科研经费管理工作，建议由大湾区成立经费管理小组，联合香港、澳门、广东、深圳等地的有关部门，包括广东省科技厅、香港创新科技署、澳门科技委员会和广东各城市科技局等，一起协商、制定经费跨境流动的具体操作流程；不断修订和完善科研经费管理制度及规定，不断增强其适应性和可操作性。

2. 加大改革力度，充分体现科研人员价值

第一，简化项目预算编制，下放预算调剂权限。实现大湾区基金的引领作用，务必要贯彻落实中央的改革精神，遵循科研活动规律和特点，改进预算编制方法，

对符合条件的科研项目，可参照香港研究资助局的做法，对科研项目经费进行分类发放。申请在一年以内完成的研究项目，无论资助经费的大小，一次性发放给项目负责人。申请在两年至三年内完成的研究项目，经费分两次发放，申请成功当年发放60%的经费，中期再发放剩余的40%。申请在三年以上完成的研究项目，经费分两次发放，每次拨款的比例由研究资助局根据具体的项目制定，在进行第二次经费发放时根据项目的进展报告来决定。允许项目评审立项前两年预拨部分项目资金作为科研启动资金，建立科研项目资金拨付绿色通道；简化预算编制科目，合并会议费、差旅费、国际合作与交流费，由科研人员自主安排，统筹使用，其中不超过直接费用10%的科目，不需要提供预算测算依据；下放预算调剂权限，将直接费用中的材料费、测试化验加工费、燃料动力费、出版/文献/信息传播/知识产权事务费及其他支出预算调剂权下放给项目承担单位。

第二，简化经费开支科目，不设比例限制。结合香港、澳门的经验，更好地满足科研项目执行中对人力资源、物资供应、社会服务保障的需求，应在现有科研经费使用预算科目内容的基础上，扩大科研经费支付范围和使用权限。一是劳务费发放不设比例限制。对发放给参与项目研究聘用的大学生、硕士研究生、博士研究生等科研及辅助人员的劳务费不应设比例限制，由项目承担单位和项目主持人按实际需求发放，项目聘用人员的社会保险补助纳入劳务费科目列支，但是对不同层次学生的劳务费设置上限。二是据实报销科研项目组成员的差旅费。三是制定不能取得正规票据科研活动项目经费支付标准和办法。对科研项目研究中诸如野外考察聘请向导、问卷调查、调研访谈等活动需要发放误工补贴等进行明确规定，尽量保障科研人员的开支。

3. 完善运行机制，创新管理方式

为了有效提升财政资金使用效益，减轻科研人员报销科研经费的工作量，需要基金管理委员会为科研人员提供项目预算编制、经费使用、财务决算和总结验收等专业化的服务。各科研院所要根据业务量大小、人员职数状况，按照精简效能、按需设置的原则，合理确定科研财务助理的职数和配置，以实现人员、资金使用效率的最大化。

4. 健全监督机制，完善法人治理结构

第一，建章立制，防控风险。要进一步制定和完善项目预算调剂、间接费用统筹使用、劳务费分配管理、结余资金使用等方面的内部办法，结合香港、澳门的经验，加强预算审核把关，完善内部风险防控机制，强化资金使用绩效评价，保障资金使用安全、规范、有效。进一步推行内部公开制度，主动公开科研项目

经费预算、预算调整、资金使用、研究成果等情况，以使科研经费的管理与使用公开透明、科学合理。

第二，加强统筹协调，规范监督监管。科研项目经费管理涉及多个管理部门，各管理部门之间要加强对科研项目资金监管制度规范建设的统筹协调，建立职责明确、分工负责的协同工作机制，探索建立科研项目经费监督检查清单制度，切实精简检查评审，避免多头执法，多头监管，各自为政的乱象。对于容易出现问题的风险防范点，各管理部门要加大检查监管的力度，以保证科研经费的合法、合规使用。

第三，强化主体责任意识，完善自我约束机制。自主权限的扩大意味着监管风险的加大，各科研单位作为科研项目资金管理使用的主体，要强化法人治理结构建设，健全组织机构成立专司监督监察职能的审计室、监察室，切实履行在科研项目经费预算、资金使用方面的监督责任；坚持常态化的自查自纠不放松，及时发现科研经费管理政策执行和科研资金使用中出现的问题，严肃查处违规违纪行为，预防政策执行中的堵点和漏洞，不断改进科研经费管理的方式方法。同时要畅通诉求表达机制，切实维护科研人员的权益和切身利益，激发科研人员的工作积极性和创造性，保证科研人员全身心投入到科研工作当中。

第 7 章

科研基础设施跨境开放共享

7.1 科研基础设施跨境开放共享的基本情况

根据《国务院关于国家重大科研基础设施和大型科研仪器向社会开放的意见》（国发〔2014〕70号）的界定，科研设施与仪器包括大型科学装置、科学仪器中心、科学仪器服务单元和单台套价值在50万元及以上的科学仪器设备等①。各省、自治区、直辖市对重大科研基础设施的界定在中央政策基础上根据地区具体情况不同也略有区别，设备原值一般在10万～50万元。

重大科研基础设施和大型科研仪器国家管理平台对重大科研基础设施进行了专题讨论与解读说明，本书对重大科研基础设施的界定采纳该定义，即重大科研基础设施是指通过较大规模投入和工程建设来完成，建成后通过长期的稳定运行和持续的科学技术活动，实现重要科学技术目标的大型设施。其科学技术目标必须面向国际科学技术前沿，为国家经济建设、国防建设和社会发展做出战略性、基础性和前瞻性贡献。重大科研基础设施本身是由多学科支撑、众多高新技术集成和国际竞争的产物；是支撑多学科与交叉学科的发展、先进的大型公共技术平台；是国家创新体系中具有强大研发能力和国际竞争能力的大型科研基地。

重大科研基础设施的开放共享，是指管理单位将重大科研设施与仪器向社会开放，由其他单位、个人用于科学研究和技术开发的行为。科研基础设施与仪器对社会开放共享，为其他高校、科研院所、企业等社会用户提供服务，也为创新创业、中小微企业发展提供支撑保障。目前粤港澳大湾区科研基础设施共享取得了一定成效，主要体现在以下方面。

1. 形成相关科研基础设施共享办法

各类共享机构多年来通过探索、总结各种促进科研仪器设备共享的管理方法

① 国务院关于国家重大科研基础设施和大型科研仪器向社会开放的意见（国发〔2014〕70号）. http://www.gov.cn/zhengce/content/2015-01/26/content_9431.htm.

和经验、创新科学仪器开放共享管理方式，积累了丰富的管理经验和制度创新成果，制定了一系列的规章和措施。在科学仪器共享建设过程中，各个地方科学仪器共享建设都基于本地区科学仪器资源特点和科研现状提出了相应的共享组织管理方式，包括通过共享项目联盟方式多元联合各个资源拥有者（单位或组织）的资源，通过集中整合方式成立一个统一的行业共享平台，或采取资源采购方式获取科技资源共享权，搭建各类科学仪器共享信息服务平台，开发各种网络功能，提供多种仪器信息共享服务，形成各具特色的地方平台等。①

2. 扩大大型科研基础设施数量及覆盖面

目前，在科学仪器共享方面，我国已经探索建立相关的资源数据库和管理系统。从 1997 年开始，科技部联合有关部门、地方开始了部分地区科学仪器设备协作共用试点，在试点带动下，已经发展到了目前包含 7 大区域、31 个省区市的全国性网络，基本形成一个三级共享体系，仪器利用效率大幅度提升。从 1998 年开始，科技部联合中国科学院、教育部、地方科技厅（委）等有关部门、单位和地方，以共同投资、专管共用、按出资比例分配机时的共建共享模式开展了大型科学仪器中心的建设，截止到 2015 年底，已建成 15 个大型科学仪器中心，主要分布在生命科学、地球科学、物质科学和材料科学等领域，主要设在北京、上海、广州、长春、西安、武汉等几个经济、社会和科技活动相对比较发达的城市。经过十余年的建设，大型科学仪器中心对科技支撑和服务能力显著提高，支撑了国家一流的科学研究，取得了一批高水平的科研成果。②

3. 建成基础设施共享平台

自 1998 年大型科学仪器中心启动以来，我国至今已建设大型仪器设备中心 15 个，经过 10 多年的发展，取得了显著的成效，促进了我国高端大型科学仪器设备的共享和高效使用，有效提升了我国大型科学仪器设备装备水平，支撑了基础研究、高新技术发展和行业技术进步。

2017 年 10 月，广东省政府印发《广东省政务信息系统整合共享工作方案》，据此工作方案，广东省建设了“开放广东”政府数据统一开放平台，整合了全省各省级部门数据资源，开放数据容量为 2610 万个，其中优质数据集 10 个，在全国排名第 5 位。可见，广东省政府已意识到数据开放共享的重要性并有实质性举措，也取得了一定的成效。同时，广东省科技管理部门通过建设本部门门户网站、

① 宋立荣，刘春晓. 2014. 我国大型科学仪器设备资源开放共享建设进展分析. 中国基础科学，16(3)：16-21.

② 王祎，华夏. 2012. 促进我国科学仪器管理与共享的政策建议. 中国科技论坛，(11)：29-33.

科技业务管理系统、微博及微信公众号，实现本部门科研基础设施的开放共享。

港澳地区在科技服务业方面发展成熟，分别设立了香港应用科技研究院公司、香港生产力促进局、香港科技园公司、澳门生产力暨科技转移中心、澳门创新科技中心等科技服务中介机构，提供技术对接、科技成果转化服务、技术培训、知识产权服务以及市场推广、法律咨询、投融资服务等专业化、标准化的优质科技服务。①

7.2 科研基础设施跨境开放共享的政策前沿

进入21世纪以后，随着科技创新战略地位不断提升，各国政府愈发重视科技资源的高效利用。科研基础设施作为科技创新的物质保障和基本支撑，其建设与合理配置对国家科技创新能力发展起着至关重要的作用。

科研基础设施的共建共享是合理配置科技资源的必然趋势，为了能更大程度地发挥国家重大科技基础设施的科学效益和社会效益，提高创新驱动发展能力，我国政府及相关部门也制定了一系列配套政策完善国家重大科研基础设施管理与共享规范（政策汇总见表7-1）。2006年，国务院发布《国家中长期科学和技术发展规划纲要（2006—2020年）》就明确指出，要“推进大型科学仪器、设备、设施的共享与建设，逐步形成全国性的共享网络”。2014年国务院印发《关于国家

表7-1 我国重大科研基础设施共享政策汇总

发文机构	政策名称	时间
国务院	《国家中长期科学和技术发展规划纲要（2006—2020年）》	2006年
国务院	《国家重大科技基础设施建设中长期规划（2012—2030年）》	2013年
国家发展改革委、财政部、科技部、国家自然科学基金委员会	《国家重大科技基础设施管理办法》	2014年
国务院	《关于国家重大科研基础设施和大型科研仪器向社会开放的意见》	2014年
科技部、国家发展改革委、财政部	《国家重大科研基础设施和大型科研仪器开放共享管理办法》	2017年
科技部、财政部	《国家科技资源共享服务平台管理办法》	2018年
科技部、海关总署	《纳入国家网络管理平台的免税进口科研仪器设备开放共享管理办法（试行）》	2018年
财政部、科技部	《中央级新购大型科研仪器设备查重评议管理办法》	2019年
中共中央、国务院	《粤港澳大湾区发展规划纲要》	2019年

① 周宏虹. 2018. 粤港澳大湾区科技信息资源开放共享的现状及对策. 科技创新发展战略研究, 2(4): 76-80.

重大科研基础设施和大型科研仪器向社会开放的意见》，2017 年《国家重大科研基础设施和大型科研仪器开放共享管理办法》正式出台，我国重大科研基础设施共享步入正轨。

广东作为我国科技创新前沿地带，肩负建设科技强省的任务，2015 年广东省成为我国第一批大型科研基础设施与仪器向社会开放的试点省之一。广东省积极推动开放共享工作，落实相关政策意见（政策汇总见表 7-2）。2015 年广东省根据中央政策导向出台配套政策《广东省人民政府促进大型科学仪器设施开放共享的实施意见》；2016 年广东省修订《广东省自主创新促进条例》，“鼓励以社会资金建设的实验室、科技基础设施和购置的科学仪器设备向社会开放共享并提供服务”。

表 7-2 粤港澳地区重大科研基础设施共享政策汇总

发文机构	政策名称	时间
广东省政府	《广东省人民政府促进大型科学仪器设施开放共享的实施意见》	2015 年
广东省人民代表大会常务委员会	《广东省自主创新促进条例》（2016 年修订）	2016 年
广东省政府	《关于加强基础与应用基础研究的若干意见》	2018 年
广东省政府	《广东省人民政府印发关于进一步促进科技创新若干政策措施的通知》	2019 年

随着大力建设粤港澳大湾区的要求提出，要充分发挥粤港澳大湾区国际科技创新中心的优势，必须为促进各类资源要素高效便捷流动，形成协同创新局面创造良好条件，重大科研基础设施的开放与共享则为粤港澳大湾区协同创新提供支撑保障能力。《粤港澳大湾区发展规划纲要》第四章第一节即提出要“支持重大科技基础设施、重要科研机构和重大创新平台在大湾区布局建设。向港澳有序开放国家在广东建设布局的重大科研基础设施和大型科研仪器”。[①]广东作为粤港澳大湾区重要主体之一，通过政策对粤港澳科研基础设施共享进行了相应规划。2018 年广东省人民政府颁布《关于加强基础与应用基础研究的若干意见》，2019 年《广东省人民政府印发关于进一步促进科技创新若干政策措施的通知》提出“构建更加灵活高效的粤港澳科技合作机制”。“推动重大科技基础设施、国家重点实验室、省实验室开放共享，建设面向港澳开放的散裂中子源谱仪，保障对港澳的专用机时和服务。”[②]

在中央和地方政府的共同努力下，粤港澳大湾区重大科研基础设施在开放共

① 中共中央 国务院印发《粤港澳大湾区发展规划纲要》. http://www.gov.cn/gongbao/content/2019/content_5370836.htm.

② 广东省人民政府印发关于进一步促进科技创新若干政策措施的通知. http://www.gd.gov.cn/zwgk/wjk/qbwj/yf/content/post_1054700.html.

享的制度建设上已初具成效，具体表现在以下方面。

1. 形成统领全局的发展规划

《国家中长期科学和技术发展规划纲要（2006—2020 年）》与《国家重大科技基础设施建设中长期规划（2012—2030 年）》两个中长期发展规划从宏观战略发展角度对我国科研基础设施的开放共享做出了指导。《国务院关于国家重大科研基础设施和大型科研仪器向社会开放的意见》则对开放推进进程有具体时间规划，“力争用三年时间，基本建成覆盖各类科研设施与仪器、统一规范、功能强大的专业化、网络化管理服务体系”。

广东省出台的配套政策《广东省人民政府促进大型科学仪器设施开放共享的实施意见》对省内科研基础设施开放共享进度安排做了详细规划，“力争用 3 年时间，通过推动高等学校、科研院所和部分企业的各类重点实验室、工程（技术）研究中心、分析测试中心、野外科学观测研究站及大型科学设施中心等研究实验基地最大限度对外开放共享其科研设施与仪器，基本建成覆盖全省各类科研设施与仪器、统一标准规范、功能强大的专业化、网络化管理服务体系，并与国家网络管理平台实时对接，实现实时在线服务”。

2. 建立相对系统和完善的共享规则

《国家重大科研基础设施和大型科研仪器开放共享管理办法》分为总则、管理职责、开放共享规则、考核和奖惩及附则五大章，该办法明确了“国家重大科研基础设施和大型科研仪器（以下简称科研设施与仪器）主要包括政府预算资金投入建设和购置的用于科学研究和技术开发活动的各类重大科研基础设施和单台套价值在 50 万元及以上的科学仪器设备”，明确了“本规定所称的开放共享，是指管理单位将科研设施与仪器向社会开放，由其他单位、个人用于科学研究和技术开发的行为”，也理顺了“科研设施与仪器开放共享的宏观管理与综合协调”等管理职能。[①]广东省在中央政策基础上出台了符合本省具体情况的《广东省人民政府促进大型科学仪器设施开放共享的实施意见》。

3. 科研设施通关便利性得到保障

因粤港澳大湾区之间创新要素自由流动的要求，在粤港澳大湾区设置的科研基础设施共享面临着海关通关的现实情况。《粤港澳大湾区发展规划纲要》要求向港澳有序开放国家在广东建设布局的重大科研基础设施和大型科研仪器，科技部

---

① 三部门印发《国家重大科研基础设施和大型科研仪器开放共享管理办法》. http://www.gov.cn/xinwen/2017-09/23/content_5227060.htm.

海关总署印发《纳入国家网络管理平台的免税进口科研仪器设备开放共享管理办法（试行）》，[①]这一规定方便了粤港澳大湾区之间科研基础设施、仪器的通关与共享，如暨南大学向广州海关申请将一台原值 339.3 万元的分选型流式细胞仪用于开放共享。在海关的支持下，先后有 8 家单位得以免费使用该设备，总使用时长达 3630 小时，这 8 家单位节约了大笔购置和设备使用费。[②]深圳海关则进行了免税进口科研设备流动监管模式改革，通过简化海关监管作业手续，将审核制变为报备制、纸质申请转到网上办理，实现科研单位足不出户就可完成所有免税进口科研设备自主流动使用，并且当科研单位想要把免税进口科研设备流转到其他单位使用时，只需自行通过海关网上办事大厅向深圳海关报备，即可实现免税进口科研设备、仪器与物品的自主移动、携带，并可从网上办事大厅自动获取海关审核同意的回执。[③]这些政策探索解决了免税进口科研基础设施与设备自由流动的"痛点"问题，实现了科研创新要素自由流动，进一步增强了科研单位的技术创新能力。

7.3　科研基础设施跨境开放共享的主要问题

即使相关政策制度保障日臻完善，但粤港澳地区重大科研基础设施仍呈现出重复建设、闲置浪费、部门化、个人化、单位化等问题，亟待对科研基础设施开放共享政策漏洞做更进一步的探索。

1. 缺乏配套的地方管理政策法规

目前，我国中央层面接连出台科研基础设施开放共享政策法规，《国家重大科研基础设施和大型科研仪器开放共享管理办法》《纳入国家网络管理平台的免税进口科研仪器设备开放共享管理办法（试行）》《中央级新购大型科研仪器设备查重评议管理办法》等规范性文件为我国科研基础设施共享开放提供指导。但地方配套政策法规的建设却稍显落后，广东省虽形成了促进大型科研仪器开放共享的实施意见，但是聚焦于粤港澳大湾区科研基础设施共享面临着的现实情况的配套政策，如科研设施查重评议办法、免税进口科研仪器开放共享办法尚缺位，而大湾区区内各地级市根据本地特点形成相应共享管理办法或实施方案的情况也参差不

① 两部门关于印发《纳入国家网络管理平台的免税进口科研仪器设备开放共享管理办法（试行）》的通知. http://www.gov.cn/xinwen/2018-11/04/content_5337388.htm#1.

② 湾区千余套进口科研设备共享.http://www.takungpao.com/news/232108/2019/0430/282255.html?from=singlemessage.

③ 深圳海关实施免税进口科研设备流动监管模式改革. http://www.sznews.com/news/content/2019-06/18/content_22175330.htm.

齐，制度的缺位与混乱使得大型科学仪器设施的封闭使用、重复建设、利用效率不高的现象在一定范围内仍存在。

2. 粤港澳三地协同机制不完善

当前针对粤港澳大湾区科研基础设施开放共享的专门管理办法尚未出台，相关政策条款分散在不同的政策文件中。《粤港澳大湾区发展规划纲要》第四章第一节提到“向港澳有序开放国家在广东建设布局的重大科研基础设施和大型科研仪器”；《广东省人民政府印发关于进一步促进科技创新若干政策措施的通知》第一条提到“推动重大科技基础设施、国家重点实验室、省实验室开放共享，建设面向港澳开放的散裂中子源谱仪，保障对港澳的专用机时和服务”。但是如何有序向港澳推动共享，对港澳提供何种服务都缺少配套政策进行相关细则的具体规划。

因缺乏政策细则的指导，粤港澳大湾区之间并未建立起一个统一的科技资源共享服务平台，而国家科技资源共享服务平台与广东省科技资源服务共享平台均未将港澳地区基础设施纳入平台管理系统，供需双方信息互通渠道堵塞，阻碍了粤港澳大湾区科研基础设施资源的盘活，以至于无法真正发挥其效率。实践中的粤港澳大湾区科研基础设施共享情况仍差强人意，在 2018 年中央级高校和科研院所等单位重大科研基础设施和大型科研仪器开放共享评价考核中，粤港澳大湾区入选机构 11 家，其中有 7 家考评结果仅为合格。

同时，科研基础设施出现“多头管理、重复投入”的局面。一是脱胎于计划经济时代的条块分割的管理体制，使作为科研设施与仪器共享的各类主体分别隶属于不同层级的部门和机构，这也造成设备购置上各自为政，缺乏整体规划和科学论证，存在重复购置，不仅与实际应用需求不匹配，而且存在部门化、单位化、个人化的倾向，课题申报制度中对申报单位基础研究条件的要求进一步加剧了这一趋势。二是以项目制为基础的科研管理体制，使大量科研设施和仪器散落在一个个课题组手上，导致设备的产权不明晰，管理责任缺位，所有权和控制权分离现象严重，也影响了设备移交和处置的制度建设，造成闲置和浪费。三是多头管理的管理体制直接影响了知识产权保护、资源共享等一系列制度建设，导致科研设备共享所面临的一些瓶颈性问题无法得到真正解决。①

3. 专业人才培育政策有待完善

尽管我国依托科技资源共享平台专项建立并稳定了一支支撑科研基础设施共

① 温珂，宋琦，张敬. 2012. 促进科研基础设施共享的探索与启示. 中国科学院院刊，27(6)：717-725.

享的管理和技术队伍，但在当前的科研管理体制中，往往将实验室技术人员看作高级技工或仅作为科研辅助人员，其报酬、职称等待遇与直接从事科研的人员差距很大。现有的科研活动评价体系中，对技术支撑人员的贡献和作用也缺乏应有的认可，导致高水平的技术支撑人才严重流失，直接影响了科研基础设施服务供给水平，制约了共享利用的效率。虽然政策提出要落实实验技术人员岗位、培训、薪酬、评价，但是具体标准仍处于缺失状态。先进专业的人才队伍离不开教育与培训，但我国目前对于实验室专业技术人才仍缺乏专门的培育，广东省提出探索设立实验室专业技术岗位以及在高等学校设立相关专业等人才培育方式，促进培养高水平分析测试专业技术人才和专业技术服务团队，但此规划还在探索阶段。

4. 科研基础设施开放共享考核规则仍需细化

分类考核标准需进一步明确。《国家重大科研基础设施和大型科研仪器开放共享管理办法》规定“评价考核应按照科研设施与仪器不同类型特点制定相应的考核指标，实施分类考核”。但在相关配套政策建设中，尚未形成针对科研基础设施开放共享的专门评价考核机制，相关考核原则也并未体现出不同类型科研基础设施评价考核原则之间的适用区别。2018 年，科技部、财政部、教育部对中央级高校和科研院所重大科研基础设施和大型科研仪器开放共享进行评价考核工作时，通用科研设施与仪器和专用科研设施与仪器考核指标统一根据设备设施的运行使用情况、共享服务成效与组织管理情况设置。

考核范围有待扩大。当前我国对重大科研基础设施开放共享的考核评价机制仍处于试点阶段，评价考核范围只涉及中央级高等学校和科研院所，2018 年组织的设施与仪器开放共享评价考核工作只涉及 21 个部门的 373 家单位，其中处于粤港澳大湾区的只有 11 家单位，大量省市级重大科研基础设施开放共享情况得不到考核评估与监督管控，也就没有相应的惩罚奖励措施，不利于激发开放共享的积极性。①

5. 科研成果处置办法亟须明晰

使用重大科研基础设施产生的科技成果涉及成果知识产权归属问题，厘清知识产权归属，对科技成果转化为现实生产力，创造经济效益具有重要影响作用。《国家重大科研基础设施和大型科研仪器开放共享管理办法》对于开放使用中形成的科技成果知识产权归属做了相关规定：“用户独立开展科学实验形成的知识产

① 李健. 2016. 国家重大科研设施与仪器开放共享机制研究. 中央民族大学硕士学位论文.

权由用户自主拥有；用户与管理单位联合开展科学实验形成的知识产权，双方应事先约定知识产权归属或比例。”但对于用户与管理单位联合开展实验产生科技成果的情况，政策并未进一步探索知识产权分配比例的设定规则，这给用户与管理单位的合作留下灰色地带，日后容易滋生相关纠纷争议，降低了用户使用共享设施、管理单位进行科研基础设施共享的积极性。与相对封闭区域内科研基础设施的共享背景不同，粤港澳大湾区的科研基础设施共享面临着跨境现状，港澳与内地知识产权管理办法不尽相同也给科技成果知识产权的管理制造了不少困难，若不建立起统一、明确的分配规则，粤港澳大湾区就难以实现真正的科研基础设施共享开放局面。

6. 科研基础设施投入不足，渠道单一

我国大型科研仪器（原值 50 万元以上）主要来自购置，而购置资金主要来源于财政拨款。科研基础设施的战略性、公益性和基础性决定了国家公共财政须给予长期稳定的支持，对其在建设目标、支持方式、评价标准和组织管理等方面均要有别于一般的科研计划项目。然而，目前以项目或课题形式的机制导致我国在科研基础设施建设方面缺乏稳定的投入渠道，造成科研基础设施投入在整个科技投入中所占的比例偏低。引导全社会投入，是扩大资金来源、提高共享效率的发展趋势，但我国当前科技金融的创新机制相对较少，致使科技平台建设的社会投资不足。①

7. 共享观念意识淡薄

共享文化是影响科研设施与仪器开放共享的重要环境要素，而我国在这方面还存在以下不足。

一是共享意识淡薄。目前我国科技计划大多以项目为单位进行管理，项目预算没花完不仅无法节约至下一年度，而且可能因为未按时执行被收回，甚至下一年度的经费也可能削减。购买仪器是最快捷、最合规的花钱方式之一。一些项目立项评审注重申请单位的工作基础和条件，科研设施与仪器的数量少有可能导致该单位在评审中处于不利地位。这也导致一些单位追求大而全、小而全，更倾向于购置各种设备。项目上需要用到某种科研设施或仪器时，可能首先想到的不是去借用、租用，而是去买回来。

二是共享文化氛围不浓。我国是小农业和家庭手工业紧密结合的农业大国，并具有悠久历史。在这种国情下，人们重视人情、血缘、地缘等，小圈子、小团

---

① 陈强，陈力. 2015-05-22. 重大公共科研基础设施呼唤社会资本深度参与. 文汇报，(007).

体不断涌现。一些科研领域研究范围比较集中，研究人员圈子狭窄，科研设施与仪器数量有限，这些同仁处于既合作又竞争的关系中。强烈的竞争意识使人们担忧与他人共享可能造成自己利益的损失，带来机会成本，阻碍共享文化环境的形成，不利于科研设施与仪器开放共享。

三是参与者对共享认知度低，存在隐忧。由于参与者的异质性及公开度不高等原因，参与者对科研设施与仪器开放共享的认知度较低，对科研设施与仪器开放共享可能导致信息泄露等有担忧，信任不足，给我国科研设施与仪器开放共享工作造成了一定影响。①

四是缺乏专业、稳定的实验技术人员和管理人员。当前中国重大科研基础设施和仪器开放共享中较多地存在“有机器设备没人操作”的现象，由于科研使用的高端仪器设备需要具有相关资质的专业人才维护使用，这使得相当数量的高端仪器设备无法有效使用。根据《2011 中国科学院人力资源年度报告》，截至 2011 年底，中国科学院共有科研人员 35 511 人，而技术支撑人员仅有 14 906 人，平均每个科研人员对应的技术支撑人员只有 0.4 名②。科研管理体制也长期存在着重物轻人的现象，对实验技术人员职称要求以及待遇和绩效等方面的歧视性政策严重影响其积极性，导致高水平的技术支撑人才严重流失，科研基础设施的专业服务供给水平受限，制约了共享利用的效率。③

五是大型科研设施设备使用状况及共享信息透明度低。科研设施与仪器的基本状况可参考数据少，尤其是对于一些存量少但使用率高的高端精密的设施与仪器，现有科研共享平台对用户如何排队预约获得使用机时没有明确的说明，平台没有网上预约功能，甚至有些基本只对内服务，存在垄断和不透明现象，这对我们准确判断科研设施与仪器的使用共享状况带来很大困难，也使社会上充斥着一些似是而非的说法，给科学决策带来了不必要的压力。

六是科研设施与仪器自主研制量少但利用率高。目前，中国大型科学仪器产业主要依赖进口，自主研制占比低。截至 2012 年，我国大型科学仪器设备总量中从国外购置的占比高达 75.6%，与发达国家差距甚显，而颠覆性的科学发现和关键技术的重大突破主要依赖于仪器设备的自主研发，单纯从国外进口无法满足其特定需求。由于需求针对性强、以共享促销、服务支撑能力强等原因，一般自主研制的设备仪器的利用率和共享率都明显高于购置，而由于知识产权等问题，自主研制仪器出现不愿共享的现状。

---

① 李健. 2016. 国家重大科研设施与仪器开放共享机制研究. 中央民族大学硕士学位论文.

② 中国科学院人事教育局. 2012. 2011 中国科学院人力资源年度报告.

③ 韩凤芹. 2018. 科研设施与仪器开放共享重在疏通体制. 中国科技论坛，(5)：145-150.

7.4 科研基础设施跨境开放共享的政策建议

7.4.1 加强制度建设

法治建设是科研基础设施共享可持续发展的保障，重大科研基础设施的开放共享良好氛围的形成有赖于健全、完善的开放共享制度的设立。在粤港澳大湾区重大科研基础设施共享实践中，制度建设仍有待加强，具体可分为两个方面。一是建立地方配套制度。在中央相关制度与办法的标准下，粤港澳地区要根据自身发展情况与具体需求，尽快建立起覆盖整个湾区的配套制度，如查重评议规则、免税科研基础设施跨境共享使用规则等。二是继续完善已有制度实施细则。对于地方政策已有规范中不明确不具体的内容，要继续细化。例如，对考核分类原则的设定、考核指标选择、科技创新券的使用规则、知识产权分配归属等做出更具体的规定，以明确、翔实的制度规范粤港澳大湾区重大科研基础设施的开放共享。

7.4.2 强化政府作用

为了在粤港澳大湾区实现科研设施与仪器的开放共享，打破地域之间限制与隔阂，实现信息流动和资源共享，应建立起粤港澳大湾区科技资源共享协调管理体系。在此过程中政府应发挥主导作用，加强整体规划，强化顶层设计，对相关的管理制度、目标和标准要求，对运作方式、评价考核等方面进行总体规划。因粤港澳三地呈现地理上分离，制度上具有差异的特点，所以一个统一的科研基础设施共享网络管理平台的建设势在必行。通过统一平台建设，制作大湾区科研基础设施电子地图，将不同区域、不同技术领域之间科研设施与仪器统筹起来，设置通用开放规则、使用准则、考评规则，促进粤港澳三地制度接轨，改变科研基础设施与仪器部门化、单位化的现状，逐步推动跨地区、跨领域的科研设施与仪器共享利用，打通粤港澳科技创新走廊，进一步提高资源利用效率，助力粤港澳大湾区成为国际科技创新中心。

7.4.3 全面考核评价

探索分类考核指标体系。在重大科研基础设施评价考核中，评价体系要分类分级，根据科研基础设施的不同类型特点，形成相应考核体系，在考核指标设置、量化上体现差异。对于通用科研设施与仪器，重点评价用户使用率、用户的反馈意见、有效服务机时、服务质量以及相关研究成果的产出、水平与贡献；对于专用科研设施与仪器，重点评价是否有效组织了高水平的设施应用专业团队以及相关研究成果的产出、水平与贡献。

扩大考核范围。在现有考核试点积累的相关经验基础上总结出可适用推广的评价体系，逐步应用到其他级别重大科研基础设施考察中去，规范其开放共享工作。

充分发挥考核结果的激励作用。为推动共享，政府主管部门可根据共享评价结果采取两个方面的措施。一方面，加大惩罚力度。既需要加大上级共享主管部门对下级共享主管部门监管不力的惩罚力度，也需要政府主管部门加大对管理单位违规行为的惩罚力度，并且在全社会范围内对不积极进行共享促进的机构的批评和惩罚情况进行通报，从而形成约束力。另一方面，完善奖励手段。比如对共享好的科研设施与仪器管理单位，查重评议时优先考虑批准其购置，在申请项目时优先考虑，或以加大对主管部门和管理单位促进开放共享工作的资金支持作为激励手段，如贷款优先、税收减免、后补助等。

7.4.4 重视人才培育

科研设施与仪器开放共享中，专业性强、高水平、高素质的人员队伍不可或缺，应健全科研设施与仪器开放共享人才配置、培养、交流和激励机制。

人员配置合理。科研基础设施仪器精密，操作复杂，涉及多学科多领域专业知识。所以配备相关实验技术人员时进行学科专业合理搭配，以此强化技术团队的建设。

促进人才培育。充分发挥国家各类大型仪器中心作用，依托科协组织，开展专业技术培训，提高从业人员的专业素质和能力水平，切实加强科研设施与仪器人才队伍建设，并建立长效的技术人才交流机制，定期安排科研设施与仪器使用、管理、维护和保养等方面有技术专长的人员通过实验室比对等各类活动，相互学习其他单位使用同类科研设施与仪器的新技术、新方法，鼓励技术人员对现有仪器新功能进行开发，拓展业务技能，研讨改进测试条件，以提供更好的对外服务。

拓宽人员发展空间，制定合理的技术人员评价标准。注重大型科研仪器运维和操作、研发人员的培养，对其评价要求、职业发展、待遇等做出合理规划，使其能够专注于科研设施与仪器的专项研究和开放共享，将科研设施与仪器开放共享管理和技术人员的主要职责定位于科研设施与仪器的管理维护和促进开放共享，不沿用论文发表等评比标准。①

7.4.5 因地制宜建设

应根据大湾区重点产业与发展的现实需要，合理布局科研基础设施与仪器，

① 李健. 2016. 国家重大科研设施与仪器开放共享机制研究. 中央民族大学硕士学位论文.

“供”“需”匹配，促进开放共享。聚焦粤港澳大湾区重点领域，如生命科学、环境科学、生物医药、空间与海洋科学、人工智能和智慧城市等领域，推进重大科研基础设施与科研仪器共享开放。首先，争取国家支持，加快布局新一批大科学装置和国家重点实验室，并且推进建设粤港澳联合实验室，鼓励港澳参与广东省实验室和重大科技基础设施建设。其次，在此基础上鼓励大湾区不同区域、机构间进行科研活动的交流合作，深化科技创新合作，推动大湾区重大科研基础设施和大型科研仪器开放与共享，拓展大科学装置对大湾区科技和经济服务效能。最后，粤港澳探索大湾区科技攻关专项，强化高校、科研院所和科技企业之间产学研协同作用，通过科研基础设施的开放引导激活自主创新领域的合作，重点培育具有区域特色和引领效能的项目，加快科研基础设施产出成果的商业化，使重大科研基础设施充分发挥其实际经济效能，推动大湾区建成国际科技创新中心。

第 8 章

数据跨区域流动协同一体化

伴随数字时代的来临，数据流动成为世界各国普遍出现的现象。数据流动不仅将世界各国更为紧密地联系在一起，同时也深刻影响了各国国内的政治、经济、社会生态。一方面，数字经济越来越依赖数据的自由流动；另一方面，数据流动对个人隐私、公共安全、产业发展等多个数据保护政策议题带来了新的挑战，推进数据流动治理共识便成为摆在各国决策者面前的重要议题。一般而言，数据流动的治理需求源于各个国家数据保护政策的不同，制度差异决定了不同国家要在制度协同性方面实现治理共识。但对我国来说，“一国两制”的特殊性决定了在统一的主权国家之下我们同样存在不同制度的差异，这种制度差异也就直接带来了粤港澳大湾区建设过程中的数据流动治理挑战。

作为我国目前最重要的区域发展国家战略之一，为顺应数字时代的发展机遇，《粤港澳大湾区发展规划纲要》对粤港澳大湾区数字经济提出了诸多要求和目标，明确提出要求粤港澳三地“共建粤港澳大湾区大数据中心和国际化创新平台”，“加强粤港澳智慧城市合作，探索建立统一标准，开放数据端口”，“建成智慧城市群”。这些目标的实现都离不开数据及其自由流动。特别地，在数字经济发展背景下，相关产业的发展已经不再完全体现为传统的离岸金融中心、科技创新中心、产业集聚中心建设，而更多体现为数据中心建设。换言之，粤港澳数字大湾区建设可能才是实现后发优势、弯道超车的关键所在。为了实现这一战略转向，根本在于数据流动制度的共识与创新，确保以数据作为关键生产要素的数字经济能够加速发展。

与数据在中国内地的自由流动不同，数据在粤港澳大湾区范围内的流动则面临着数据跨区域流动的治理问题，不仅关涉到数据合规，更关涉到数据价值的有效释放。如何在确保个人隐私、公共安全、产业发展等多方利益得到保障的同时推动大湾区数据自由流动，以充分释放创新潜力、挖掘数据价值，建设大湾区数字统一市场，便成为当前推动大湾区建设的重中之重。本章将对大湾区数据跨区域流动的现状与问题进行梳理，并在此基础上总结推动建设大湾区数据自由流动、形成统一数字市场的制度挑战，进而形成政策建议。

8.1 数据跨区域流动的基本情况

第一，作为粤港澳大湾区数据跨区域流动的制度基础，国家层面跨区域数据流动治理的规范体系已经初步建立，形成了“分散立法+专门规定”的制度框架，体现了“禁止流动为原则、允许流动为例外”的制度特点，但在落实方面仍然存在大量空白。

粤港澳大湾区作为统一国家下的城市群区域，即使存在“一国两制”的制度特点，但国家层面的规范体系仍然是讨论粤港澳大湾区数据跨区域流动治理的制度基础。近年来，我国高度重视数据治理问题，尤其是针对不同制度框架下的数据流动问题（在不同国家之间体现为数据跨境流动，在不同区域之间体现为数据跨区域流动）已经初步建立了治理规范体系。

《中华人民共和国网络安全法》作为网络安全领域的基本法，首次明确了针对个人信息和重要数据跨区域流动的制度框架，明确指出“关键信息基础设施的运营者在中华人民共和国境内运营中收集和产生的个人信息和重要数据应当在境内存储。因业务需要，确需向境外提供的，应当按照国家网信部门会同国务院有关部门制定的办法进行安全评估”。为配合《中华人民共和国网络安全法》的实施，国家互联网信息办公室于 2017 年 4 月和 2019 年 6 月分别发布《个人信息和重要数据出境安全评估办法（征求意见稿）》和《个人信息出境安全评估办法（征求意见稿）》，基本确立个人信息和重要数据出境安全评估的规则框架，《信息安全技术 数据出境安全评估指南（征求意见稿）》则增强了该规则框架的可操作性。除了一般性规定之外，我国在主要领域均已相应建立个人信息和重要数据跨区域流动的基本规则。中国内地跨区域数据流动规定已经涉及银行金融、医疗健康、商业服务、自动驾驶及学术资源等领域。其中，银行金融领域、医疗健康领域、自动驾驶领域已经初步形成框架，大多以“禁止流动为原则、允许流动为例外”。

需要指出的是，已经生效实施的位阶较高的规则文本（法律法规）大多以专门性条款对数据跨区域规则仅做出原则性规定，而尚处于征求意见阶段的位阶较低的规则文本（部门性规范文件、国家标准）则以专门性“办法”“指南”做出体系化的规定。总体而言，国家层面针对数据跨区域流动的治理规则更多呈现框架初步形成但落实细节不足的特点。事实上，考虑到不同地区的差异性，由国家事无巨细地作出规定并非最优选择，落实细节的不足更多依赖地方根据实际制定相应的管理办法，而这也同时为地方创新留下了空间。

第二，珠三角九市针对数据跨区域流动的治理规则参差不齐，当前尚未形成一致性的政策框架，在未能弥补国家层面规范执行细节不足的同时，也未体现出结合地方需求（尤其是大湾区建设）而展开的治理创新。

从广东省全省范围看，尽管 2014 年广东省就提出了要制定数据跨区域流动的标准规范，但到目前为止仍然尚未出台全省范围内的数据跨区域流动的规则体系。就地市而言，珠三角九市中，除了广州市、深圳市和珠海市之外，佛山市、惠州市、东莞市、中山市、江门市、肇庆市并未出台有关数据跨区域流动的政策规定，也并未在珠三角九市中形成一致的数据流动规则框架。对于已经出台相关规定的城市，广州和珠海还停留在倡导数据跨区域服务的层面而未能注意到数据流动所可能带来的风险以及与当前制度的协同问题，深圳则更为全面地开始探索构建数据跨区域流动的制度体系。基于广州、珠海、深圳已经出台的规范文本，广州市政府已经将建设南沙跨区域数据服务产业基地提上议事日程；珠海市则允许相关服务提供者在横琴试点设立独资公司以提供跨区域数据库服务；深圳市政府着重关注到了“数据跨区域流动的风险防控”并在逐步引导建立数据共享机制，同时禁止银行业金融机构非法向境外提供客户身份资料和交易信息的要求。

因此，总体上广东省及地市都尚未将数据跨区域流动的制度规则建设提升到足够重要的位置，相关规范仍然缺失，未能形成较为明确、一致、体系化的制度规则。相比于香港、澳门已经具备一定的针对数据流动的规制能力，广东省的制度空白虽然有利于制度创新（因为制度变革的成本较低），但却不利于形成制度共识。

第三，港澳两地初步形成了数据跨区域流动的治理规则，但二者在制度成熟度、制度理念、制度规范程度等方面均存在较多差异，且当前尚未形成对话机制，未能体现出实现数据跨区域流动的治理共识。

香港、澳门两地本身的法律传统、产业结构、文化理念均不同，这一差异性同样体现在数据跨区域流动的治理规则层面。

香港早在 1996 年就颁布了《个人资料（私隐）条例》（*the Personal Data (Privacy) Ordinance*）[①]，对个人数据的跨区域流动做出了原则性规定。同时，香港立法者也进一步明确了允许数据跨区域流动的多项条件，包括个人书面同意、隐私专员同意、豁免情形等。尤其值得注意的是，香港在制度设计方面明确规定，传输目的地有与本条例大体上相似或有已经生效的与本条例的目的相同的法律，则允许数据的跨区域流动，而这事实上也为实现不同制度下的治理共识留下了制度创新的空间。另外，虽然香港制定了相关法律，但是在执行层面却并不理想。当前尚未

① 个人资料（私隐）条例. https://www.pcpd.org.hk/sc_chi/data_privacy_law/ordinance_at_a_Glance/ordinance.html.

制定落实第 33 条规定的相关指南或办法，这也对推进粤港澳三地的治理共识带来了一定的挑战。

澳门在 2005 年通过了《个人资料保护法》，这是澳门现行法律体系中一套较为完整、系统规范和保障个人数据权利并对数据流动做出相应规定的一般性法律[①]。在具体内容上：首先，与香港类似，澳门同样规定了如果数据接收地的法律体系能够确保适当的保护程度，则允许澳门个人数据的流出，而澳门也同样规定了由公共当局来判断、决定某一区域的法律体系是否满足适当保护原则。其次，与香港以禁止流动为基础原则不同，澳门则更加坚持自由流动原则，并较为全面地规定了允许数据跨区域流动的三种情形：①数据当事人明确同意数据的跨区域流动；②负责处理数据的实体具有能够确保个人数据权利和自由不受侵害的法律或合同机制；③为维护公共利益而需进行的数据跨区域流动。

由此可以看出，港澳两地虽然都在承认制度适合性方面具有共识，但至少在两个方面仍然存在重大差异：第一，香港虽已制定制度框架，但在执行层面却不够落实，而澳门则在此执行层面更为成熟；第二，香港事实上是以禁止数据流动为前提，而澳门则在治理理念上与之相反，以允许流动为前提。

8.2 数据跨区域流动的主要问题

8.2.1 数据跨区域流动的治理话语体系不一致

粤港澳三地针对数据跨区域流动的治理话语体系的不一致，阻碍治理共识的达成。治理话语体系是所在区域制度文化的反映，话语体系的不同可能反映了更深层次的法律理念的不同。粤港澳三地的数据跨区域流动治理制度，就存在较多的不一致性。例如，香港《个人资料（私隐）条例》使用“资料”（私隐）作为法律名称的主题词，而澳门《个人资料保护法》虽也在法律名称中使用“资料”作为主题词，但在正文中也涉及“数据”“信息”的表达。相比之下，内地的法律规范在数据跨区域流动方面使用的是“个人信息”和“重要数据”术语。如果对象的用语不一致，也就无法确保对象的内涵一致，而这将在执行层面造成概念上的极大混淆与混乱。事实上，香港的《个人资料（私隐）条例》和澳门的《个人资料保护法》仅将个人资料作为数据跨区域流动的治理对象，而都没有将非个人资料（非个人数据）作为数据跨区域流动治理的对象，但内地是将“个人信息”和“重要数据”并列纳入数据跨区域流动的治理范畴。

---

① 《澳门个人资料保护制度》经已出版. https://www.gov.mo/zh-hans/news/125527/.

8.2.2　数据跨区域流动的治理理念传统不一致

粤港澳三地针对数据跨区域流动的治理理念、法律传统方面的不一致，将需要更多的对话机制以推进更为充分的互信与理解。正如前文提到，香港的立法理念体现了更强的数据保护导向，以“禁止流动”为前提、“允许流动”为例外；相比之下，澳门则更为宽松，以“允许流动”为前提、“禁止流动”为例外。内地的数据跨区域流动治理规则以本地化存储为原则、以“确因需要且达到安全评估标准转移”为例外。一方面，要求数据本地化存储，即普遍性禁止数据跨区域流动；另一方面，数据可以相对流动，即首先要满足“确因需要”的条件，其次还要达到规定的“安全评估”标准。可见，香港更加接近内地理念而澳门则反之。在未来推进治理共识的过程中，究竟以何种理念为主，仍然是尚未得到明确回答的重要问题。

同时，三地在法律传统方面的不一致，将进一步影响数据跨区域流动治理的执行与落实。在立法上，中国内地的立法权在全国人大，能够有效、有秩序地实现立法；而香港通过一项法律则困难重重。例如，《个人资料（私隐）条例》的第 33 条至今尚未生效，而澳门通过新的立法相比香港更容易实现。在司法方面，粤港澳三地的司法体系各自独立，在起诉、举证等权利救济方面存在程序不同、要求不同等具体问题。例如，对于数据权益的保护，在内地目前没有专门的案由寻求民事救济，而不得不借助“人格权”等，所以在数据跨区域司法方面存在更大的合作需求。在执法方面，不同的监管机构、审查机制，以及保护数据或隐私的观念不同也将导致执法结果不同程度的差异性，不利于形成一致规范。

8.2.3　数据跨区域流动的实践缺乏可借鉴经验

粤港澳大湾区推进数据跨区域流动治理没有可借鉴的经验，尚处于“无人区”和“空白区”。粤港澳大湾区在“一国两制”下“三种立法制度”并存，所以粤港澳大湾区内部的数据跨区域流动问题是纽约湾区、旧金山湾区、东京湾区所不曾遇到过的全新问题。事实上，即使是上述三大湾区内部也尚未形成统一性的数据跨区域流动治理框架或体系。因此，粤港澳大湾区内部在法律、金融体系、行政管理体系、关税、货币、制度等方面的差异性，均会在数字时代体现为数据治理制度的差异性，而如何制定统一的、具有多方共识的数据跨区域流动治理规范，尚无可借鉴的经验，只能“摸着石头过河”，靠自己“杀出一条血路”。

8.3　数据跨区域流动协同一体化的政策建议

纽约湾区、旧金山湾区、东京湾区缺少可借鉴的经验反过来也证明了粤港澳大湾区可能在数字经济领域“弯道超车”。立足粤港澳大湾区数字市场一体化、推进数据跨区域流动的战略目标，我们提出以下方面的建议。

8.3.1 建立粤港澳大湾区数据流动对接协调机制

加快搭建对话平台，依托粤港澳大湾区建设领导小组抓紧建立粤港澳大湾区数据流动对接协调机制。制度协同的关键在于理念层面的治理共识和执行层面的合作落实，而这两方面的达成都有赖于对接协调机制的建立与维护。不同于数据跨境流动而需要双边或多边谈判的复杂性，在统一国家主体下的三地具有天然的对话与工作基础。因此，建议加快成立在中央粤港澳大湾区建设领导小组统筹协调下的“粤港澳大湾区数字统一市场建设小组”，或者更具体的“粤港澳大湾区数据流动协调小组”，由三地相关部门共同组成，其具体承担三方面职责：首先，推进三地对话以实现治理共识和制度变革；再次，具体执行三地数据流动的监管执法；最后，代表粤港澳大湾区整体对外展开合作对话，以进一步促进大湾区数据与全球数据的自由、安全、可信流动。

8.3.2 设计大湾区数据跨区域流动治理顶层框架

吸取地域经验，以求最小公倍数和通用性经验为原则设计粤港澳大湾区数据跨区域流动治理的顶层框架。粤港澳是“一国、两制、三法域”，目前在规则制度上面，内地（同样适用于广东）、香港和澳门都各自形成了基本的数据跨区域治理规则文本。这些规则文本都是内地、香港和澳门各自针对其区域内的主要问题而提出具有本土特色的数据流动治理规则，具有相当的本土契合性。在设计粤港澳大湾区数据跨区域流动治理顶层框架时，适宜求最小公倍数，将具有通用性的经验作为顶层框架的基本元素。例如，内地、香港、澳门的数据跨区域流动规则中都有规定“征得主体同意”，那么这便是最小公倍数。如果无法实现求取粤、港、澳三地的最小共识，那么至少要达成两地的共识（注意如果广东没有相关规则，则按中国内地规则求取）。特别地，对于话语体系不同的问题，一方面汉译表述时应该与内地的称谓统一，这并未改变香港居民或澳门居民对称谓指代对象的理解；另一方面则应统一数据跨区域流动治理的规范对象不仅应包括个人数据还应当包括非个人数据（特别是重要数据）。

8.3.3 建立大湾区数据跨区域流动治理基本准则

融合行业标准，注重吸收平台公司的数据治理规范经验建立粤港澳大湾区数据跨区域流动治理的基本准则。数据跨区域流动治理离不开数字产业的支撑，制定粤港澳数据跨区域流动一体化框架时，要特别注重融合行业标准，尤其是要重视在 5G（5th generation mobile networks，第五代移动通信技术）、跨区域金融支付、跨区域数据交易等平台公司的数据治理规范经验。基于数字化业务的实务操作流程、数据存储规程、数据跨区域传输准则、数据跨区域流动风险评估与防控指南等方面制定粤港澳大湾区数据跨区域流动治理基本准则，使粤港澳数据跨区域一体化框架更具操作性、更加接地气。尽可能实现：①增补空白点，即在不违反上位法的前提下，将须解决的现实迫切问题纳入粤港澳数据跨区域一体化框架；②补强薄弱点，即将现有行业标准或经验已经确定的关键性措施纳入立法，提升相关行业标准效力位阶。

8.3.4　积极打造粤港澳大湾区一体化数字市场

实现产业愿景，以更加强调发展的观念积极打造粤港澳大湾区一体化数字市场。尽管当前的数据跨区域流动治理的相关框架和规则大都采用“原则+例外”式来监管并解决数据跨区域流动问题，但是并不意味着数据跨区域流动就等同于数据监管。着眼于推进粤港澳大湾区数字市场一体化，更要建立起包括数据确权、分布式存储、合法跨区域交易等在内的规则体系。确定数据权属，有助于解决数据流动过程中的权利义务关系、侵权责任和救济问题；通过分布式存储，实现大湾区内数据自由存储，整体上不违背“本体化存储”原则，又有助于打造粤港澳大湾区大数据中心；承认数据合法跨区域交易，有助于解决“数据黑市流动”等侵害个人隐私等问题，释放出数据的经济价值。

第 9 章

知识产权保护协同一体化

9.1 知识产权保护协作的基本情况

9.1.1 具有良好的知识产权保护合作基础

粤港澳大湾区具备建设世界级创新区域的良好土壤，高水平的知识产权协同保护是大湾区发展的必然趋势。以世界三大湾区为例，东京湾区的主导产业为汽车、石化等制造业，而纽约湾区以金融服务、房地产等产业为支柱，被称为“金融湾区”，而旧金山湾区则立足于科技，着力发展科技创新等专业服务。粤港澳大湾区的定位，则主要在科技创新、金融服务等高端行业，而科技创新能力便是推动大湾区快速发展的首要动力。专利作为创新的重要衡量因素，反映了一个国家或者地区的创新能力。根据广州日报数据和数字化研究院 2018 年发布的《粤港澳大湾区协同创新发展报告》，以 2013 年至 2017 年数据分析，粤港澳大湾区的发明专利总量处于上升趋势，2017 年的发明专利总量达 25.80 万件，已超越世界其他三大湾区。粤港澳大湾区中的各类创新型企业以及各大高校，是专利研发的主力军。在研发投入方面，粤港澳大湾区的研发经费支出占 GDP 比重达 2.7%，与美国、德国等科技领先国家持平。在整个大湾区中，深圳–香港地区表现尤其亮眼，在世界知识产权组织发布的 2017 年《全球创新指数报告》中，深圳–香港地区超越硅谷所在的旧金山湾区，在全球创新集群中排名第二，仅次于东京湾区。

但从《全球创新指数报告》的另一指标——施引专利来看，粤港澳大湾区的创新能力仍然有提高的空间。施引专利是指专利申请授权后，被后续引用的次数，被引次数越多，则专利的质量也就越高，后续带来的经济收益也就越多。在专利总量上，粤港澳大湾区虽然遥遥领先于其他三大湾区，但在施引专利数量上却显著落后。这一方面表明粤港澳大湾区仍然需要进一步提升科技创新的实力，研发出真正具有核心竞争力的技术，另一方面体现了大湾区在知识产权保护、转化等配套服务方面仍然存在不足。[①]

---

① 粤港澳大湾区协同创新发展报告（2018）. http://gd.ifeng.com/a/20180922/6901604_0.shtml.

粤港澳大湾区具有先天的地理优势，是我国对外开放的重要门户。港澳地区与珠三角九市文化同源、人缘相亲、民俗相近、优势互补，在基础设施、投资贸易、金融服务、科技教育、休闲旅游、生态环保、社会服务等领域合作成效显著，已经形成了多层次、全方位的合作格局。近两年来，随着港珠澳大桥、广深港高铁等重大交通基础设施的建成，以及三地间通关制度的不断完善，粤港澳之间的深度合作将变得更加便捷。此外，《粤港澳大湾区发展规划纲要》中还提出，要"推进'广州—深圳—香港—澳门'科技创新走廊建设，探索有利于人才、资本、信息、技术等创新要素跨境流动和区域融通的政策举措，共建粤港澳大湾区大数据中心和国际化创新平台"。在知识产权保护与运用方面，"充分发挥香港在知识产权保护及相关专业服务等方面具有的优势，支持香港成为区域知识产权贸易中心"。[①]业已形成的良好合作基础，以及未来政策的大力扶持，为粤港澳三地知识产权联动保护体系的形成提供了双重保障。

9.1.2　制度上存在较大差异未形成对接机制

由于复杂的历史原因，粤港澳三地分属于三大不同法系，香港与澳门在法律制度上分别受到了英国与葡萄牙的极大影响。在回归后，港澳地区均保持其原有的资本主义制度，香港地区仍属于英美法系，而澳门地区仍属于大陆法系。在建设粤港澳大湾区知识产权联动保护机制的道路上，此种制度差异是我们无法忽视的一大重要问题。

1. 知识产权保护范围的差异

首先，三地在保护客体上存在着差异。以专利领域为例，内地专利法保护发明专利、实用新型专利以及外观设计专利。在香港，专利仅包括标准专利与短期专利，外观专利则是通过特别的《注册外观设计条例》来进行规范管理。而在澳门，专利则仅指发明专利。在商标权领域，港澳的保护范围都更宽，香港法律规定：凡是属于商品的，任何可以和其他产品服务进行区别的标记，包括声音、气味，只要采用图案都可以注册成商标。而在澳门法律中，商标包括文字、图案、符号或者相结合产物，虽然明确规定色彩本身不能直接作为商标，但可以通过与文字或者其他要素结合来制成商标；在内地法律中，商标仅仅指文字、图案或者相结合产物，色彩必须和文字、图案相结合才能受到法律保护，而且不允许符号直接作为商标。其次，在保护主体上也存在差异。例如，在著作权法律制度中，香港著作权法承认自然人、法人可成为作者；澳门则对作者的范围未做出明文规

---

① 中共中央 国务院印发《粤港澳大湾区发展规划纲要》. http://www.gov.cn/zhengce/2019-02/18/content_5366593.htm#3.

定；内地则范围很广，即不仅承认自然人、法人可以成为作者，还承认非法人单位也可被视为作者。最后，知识产权的效力范围不同。同样以能够创造较大经济价值的专利为例，香港的专利与外观设计独立于内地的专利体系，比如在香港被授权专利和外观设计独立于国家知识产权局授权的三种专利，国家知识产权局授权的专利必须通过香港地区的申请注册和授权批准程序，才能受到香港法律保护。而澳门的专利则是国家知识产权局之发明专利之延伸，即获国家知识产权局授予的专利或专利申请可延伸到澳门特别行政区生效。①

2. 知识产权审查标准的差异

制度差异的第二大方面，即为知识产权授权审查标准上的差异，如在专利新颖性的判定方面，香港和澳门地区的专利法律、法规均采用世界新颖性标准，即要求发明在世界范围未被出版公开、未被公开所知及使用公开。而内地专利法采取的是混合新颖性标准。对公开出版的范围要求是绝对的，即发明未在世界范围内出版公开；对公开所知及使用公开的范围要求则是相对的，仅限于国内或地区未公开使用和未被公众所知。澳门法律中的专利只是针对发明专利，而内地法律所说的专利除了发明专利外，还包括外观设计专利、新型实用专利。在澳门，虽然外观设计和新型实用技术也属于工业产权范畴，但如果不是专利的话只要进行简单注册，不需要进行审查。澳门的发明专利审查主要针对其创新性，而内地专利审查不仅包括创新性，还包括实用性与新颖性，相对于澳门要求更为严格。

诸如此类的差异在粤港澳三地的知识产权制度中广泛存在，这实际上是知识产权地域性的集中体现。不同法域政策导向、法治文化之间的差异，带来了知识产权制度上的具体差异。这也导致在某一地区能够获得授权的智力成果，在另一地区可能并不能获得法律保护。具体到粤港澳大湾区中，广东九市与港澳地区在知识产权确权、保护、转化等各个方面都难以实现互联互通。若想使得企业与高校研发的技术能够在粤港澳大湾区范围内均受到知识产权的保护，申请人往往需要递交多份申请，并完成多次专利申请程序。这既增加了专利申请人的资金与时间成本，也降低了技术转化的速度。

3. 对接机制的缺乏

目前来看，在粤港澳内部尚不存在高效的对接交流机制，化解因制度差异带来的知识产权协同保护难题。早在 2003 年，广东省知识产权局与香港知识产权署在《粤港合作框架协议》机制下牵头成立了粤港保护知识产权合作专责小组工作

① 彭辉. 2015. 知识产权制度比较研究. 北京：法律出版社.

机制，广东省的包括广东省工商局、省版权局、省商务厅、省公安厅、广东海关等部门，香港的包括香港商务及经济发展局、香港知识产权署、香港海关。在粤港、粤澳知识产权合作机制下，三方围绕深化跨区域合作机制、开展知识产权联合执法、建立案情交流机制、促进贸易发展、加强民间知识产权交流、提高知识产权人才培养和服务水平、建立知识产权资源共享平台等方面开展务实合作。此外，广东省知识产权局与香港知识产权署也多次开展合作，分年度签署《粤港知识产权合作协议》，提出不断优化双方合作机制的目标。但从实际效果来看，上述政策还是存在着“重布局、轻运行”的问题，知识产权异地申请，知识产权联合执法以及知识产权裁判互认等普遍存在的实际问题仍未得到解决。

在司法层面上，香港法制属于普通法系，一项外域判决被视为非本地判决，不具有直接和自动的效力。外域判决的债权人必须求助于本地法院以获得该项判决在当地的承认和执行，通常的做法是重新起诉或采用登记制度。2019 年 1 月 18 日，最高人民法院和香港特别行政区政府律政司在北京签署《关于内地与香港特别行政区法院相互认可和执行民商事案件判决的安排》，将部分知识产权侵权案件纳入了区际互认的案件范围内，极大地提高了知识产权在两地保护的外延。但值得注意的是，上述安排中并不包括知识产权行政案件与刑事案件。并且，该安排在部分专利侵权案件的适用中做出了保留。明确排除了内地法院审理的发明专利、实用新型专利侵权案件、香港法院审理的有关标准专利（包括原授专利）、短期专利侵权案件、两地法院有关确认标准必要专利许可费率的案件等。因此，目前的知识产权案件区际司法协助制度仍然存在一定的局限性。中共中央提出建设粤港澳大湾区的长期规划，也为化解粤港澳三地知识产权制度差异，建立高效对接机制提供了新的契机。

9.1.3 三地知识产权保护及服务水平难以统一

1. 知识产权保护机制的差异

在保护机制上，内地主要实行的是“司法行政双轨制”，当权利人的知识产权受到不法侵害时，既可以向法院请求司法救济，也可以向相关行政机关请求行政救济。我国目前有多个具有知识产权管理职能的行政机关，主要包括国家知识产权局、国家知识产权局商标局、国家版权局等机关。其中，专利权与集成电路布图设计权主要由国家知识产权局负责，商标权主要由国家知识产权局商标局负责，版权主要由国家版权局负责，国际贸易中的知识产权问题由商务部负责，而进出口贸易中的知识产权问题由海关负责。我国的知识产权行政机关职能多样，不仅负责专利、商标等知识产权的注册与管理，还负责对部分知识产权纠纷进行行政裁决和调解，此外，上述行政机关还享有执法权，有权主动对知识产权侵权行为进行查处与处罚。对于构成知识产权犯罪的行为，则由对应的行政机关交由公安机关进行侦查，由检察机关提起公诉。

而在香港，负责知识产权保护工作的部门主要为知识产权署与海关。香港知识产权署并不具有执法权，其职能主要包括以下几个方面：一是处理专利、商标、外观设计及版权等知识产权的注册申请；二是就香港知识产权保护的法例和政策，向商务及经济发展局局长提出意见；三是就知识产权事务向政府各部门提出民事法律意见；四是开展知识产权保护的宣传和教育工作。而查处知识产权侵权行为的工作主要由香港海关负责，其为香港唯一有权对侵害版权及商标行为进行刑事管理的部门，负责打击进出口、制造、批发及分销等各种渠道中的盗版及冒牌行为。①

目前，内地知识产权保护存在的突出问题为行政保护与司法保护权责划分不够明晰，执法尺度不一，以及行政执法权较为分散，导致司法实践中出现了知识产权保护程序往复循环，执法效率低下。在实现粤港澳三地知识产权跨地域协同保护的目标之前，必须要先实现内地司法行政跨部门间的协同。而相对于内地而言，香港的知识产权行政执法机构划分更为简洁，职能更为统一。在新一轮的机构改革中，中央提出将知识产权局与工商管理总局均并入市场监督管理局中，这也体现了内地精简机构，推动知识产权行政保护协同化、体系化的趋势。

2. 知识产权保护水平的差异

某一地区知识产权保护水平与该地区的经济发展水平、科技创新能力息息相关，经济与科技越发达的地区，相应地知识产权保护的水平也就越高。就粤港澳三地而言，香港作为国际商贸中心及金融中心，对知识产权给予高水平保护，能确保企业在公平、自由的环境中运营。香港各政府部门均有署长级官员为“执行知识产权规定人员”，令香港特区政府的公共行政完全符合保护知识产权的理念。此外，香港深受英美法系法律文化的影响，既注重实体公正，也注重程序公正，主张自己权利的不可侵犯。因此，香港大众在知识产权问题上具有较高的维权意识，这也自下而上地促进了香港知识产权保护水平的提高。

三地在打击知识产权犯罪力度上的差异，也反映出了知识产权保护水平的差异。《中华人民共和国刑法》对于知识产权犯罪做出了特别规定，具体包括假冒注册商标罪、侵犯著作权罪、假冒专利罪、侵犯商业秘密罪等。一般的侵权案件需要满足违法所得数额较大或者情节严重等要件，构成知识产权犯罪。在内地，知识产权犯罪的侦查机关为公安机关，知识产权行政机关在查处知识产权行政违法行为中，依法收集、调取、制作的物证、书证、检验报告、鉴定结论等证据，经

---

① 马永飞. 2013. 香港海关知识产权保护及对内地海关的启示. 对外经贸实务，(9)：21-24.

公安机关、人民检察院审查，人民法院庭审质证确认，可以作为知识产权刑事证据使用。而相对于内地及澳门，香港对于侵犯知识产权的打击力度更大。香港法律规定，任何侵犯版权、商标权的行为，不论情节轻重，都属于刑事犯罪。根据香港法律第 362 章的商品说明条例规定，任何人通过欺诈手段来使用商标，包括销售、进口带有冒认商标的产品，使用、拥有可以制作商品假冒商标的工具，都属于刑事犯罪行为。在香港，海关是唯一能够对商标与版权侵权行为提起刑事调查与检控的机关，有权开展大面积搜查、逮捕，同时与国际执法机构以及商标、版权所有者合作，严厉打击一切知识产权犯罪行为。①

而在广东九市内部，知识产权保护水平也存在着参差不齐的现象。根据前述《粤港澳大湾区协同创新发展报告》的数据，粤港澳地区发明专利的数量已经相当可观，但如果对数据进行分析，可以发现 80%的发明专利都来自深圳、广州、佛山、东莞等技术发展水平较高的城市，而江门、肇庆等城市在科技研发实力上则相对落后。由于广州、深圳等城市拥有更强的科技创新能力以及更多的高科技企业，因此出于维护良好市场竞争秩序，促进成果转化的考虑，这些城市会执行相对更高的知识产权保护标准，并且，对于网络、通信等行业中出现的新型知识产权违法行为，广州、深圳等地的知识产权执法机关也会应对得更加自如。因此，维护广东省内知识产权保护水平的平衡，也是构建粤港澳大湾区知识产权协同保护体系应当考虑的一大问题。

3. 知识产权服务水平的差异

粤港澳大湾区拥有着企业、高校、科研机构等诸多创新主体，且知识产权产出量巨大。但从目前的现实情况来看，知识产权的运营服务水平与科技发展水平并不匹配。广东省知识产权服务产业的市场虽然已经逐渐打开，但仍然较为分散，能够真正将市场需求与专业服务结合起来的优秀知识产权服务机构较少。此外，目前的知识产权服务机构业务主要集中于知识产权的登记、申请等基础业务，在知识产权数据收集分析、知识产权运营、知识产权作价评估等业务上，并未达到专业水平。最后，当前的知识产权服务业无论从市场规模、国家税收还是公众关注度来看，在整个国家经济中都还属于一个边缘行业、小众行业。在广东省内部，知识产权服务机构分布也不均衡，专业的服务机构仍然主要集中于广州、深圳等城市。②这与我国大力加强知识产权保护，以及在粤港澳大湾区强化知识产权保护

---

① 王军明. 2011. 中国内地惩治知识产权犯罪的路径——以香港特区知识产权制度为参照. 求是学刊，38(4)：92-97.

② 王荣：加强粤港澳大湾区知识产权保护与运用. http://www.iprchn.com/Index_NewsContent.aspx?NewsId=114526.

与运用的目标是不相适应的。

而对于以服务业为支柱产业的香港地区来说，知识产权服务业相对内地则更为发达。香港汇聚了大量专业服务提供者，包括专利律师行、创业投资公司、顾问公司，以及其他促进知识产权贸易活动的咨询公司。加之知识产权制度发展成熟且执法严格，知识产权服务相关业务能在安全的法律环境下进行。大量顶尖的知识产权服务机构，能够满足国际及区内知识产权交易、科技授权及特许经营等方面的需要。对于这一问题，中央在《粤港澳大湾区发展规划纲要》中也提出，要“充分发挥香港在知识产权保护及相关专业服务等方面具有的优势，支持香港成为区域知识产权贸易中心”。“建立大湾区知识产权信息交换机制和信息共享平台。”

9.2 知识产权保护协作的政策前沿

9.2.1 粤港澳贸易合作开端时期

21 世纪初是粤港澳贸易合作的开端时期。2003 年内地与香港、澳门特区政府分别签署了内地与香港、澳门《关于建立更紧密经贸关系的安排》，[①]2004 年、2005 年、2006 年又分别签署了《补充协议》、《补充协议二》和《补充协议三》。《内地与港澳关于建立更紧密经贸关系的安排》是“一国两制”原则的成功实践，是内地与港澳制度性合作的新路径，是内地与港澳经贸交流与合作的重要里程碑，是我国国家主体与香港、澳门单独关税区之间签署的自由贸易协议，也是内地第一个全面实施的自由贸易协议，《内地与港澳关于建立更紧密经贸关系的安排》内容丰富，领域广泛，涵盖内地与港澳经贸交流的各个方面。

自此之后，粤港双方建立了保护知识产权合作机制，每两年签订一次《粤港保护知识产权合作协议》，就知识产权研讨交流、跨境保护、宣传教育、服务引导等多方面内容进行深度合作。[②]

9.2.2 粤港澳贸易合作发展时期

从 2015 年开始，粤港澳贸易合作进入了更为深入发展的阶段。2015 年印发的《国务院关于新形势下加快知识产权强国建设的若干意见》指出“全面贯彻党的十八大和十八届二中、三中、四中、五中全会精神，按照‘四个全面’战略布局和党中央、国务院决策部署，深入实施国家知识产权战略，深化知识产权重点领域改革，有效促进知识产权创造运用，实行更加严格的知识产权保护，优化知

① 内地与港澳关于建立更紧密经贸关系的安排（CEPA）. http://tga.mofcom.gov.cn/article/zt_cepanew/.

② 粤港签署年度保护知识产权合作协议. http://www.nipso.cn/onews.asp?id=28288.

识产权公共服务，促进新技术、新产业、新业态蓬勃发展，提升产业国际化发展水平，保障和激励大众创业、万众创新，为实施创新驱动发展战略提供有力支撑，为推动经济保持中高速增长、迈向中高端水平，实现‘两个一百年’奋斗目标和中华民族伟大复兴的中国梦奠定更加坚实的基础”。

《国务院关于新形势下加快知识产权强国建设的若干意见》坚持战略引领、坚持改革创新、坚持市场主导、坚持统筹兼顾。提出的主要目标是：“到 2020 年，在知识产权重要领域和关键环节改革上取得决定性成果，知识产权授权确权和执法保护体系进一步完善，基本形成权界清晰、分工合理、责权一致、运转高效、法治保障的知识产权体制机制，知识产权创造、运用、保护、管理和服务能力大幅提升，创新创业环境进一步优化，逐步形成产业参与国际竞争的知识产权新优势，基本实现知识产权治理体系和治理能力现代化，建成一批知识产权强省、强市，知识产权大国地位得到全方位巩固，为建成中国特色、世界水平的知识产权强国奠定坚实基础。”

而广东省人民政府办公厅为贯彻落实《中共广东省委广东省人民政府关于加快建设创新驱动发展先行省的意见》(粤发〔2015〕10号)，有效发挥知识产权服务创新驱动发展的功能和作用，随后提出《广东省人民政府办公厅关于知识产权服务创新驱动发展的若干意见》、印发《广东省建设引领型知识产权强省试点省实施方案》。

《广东省人民政府办公厅关于知识产权服务创新驱动发展的若干意见》提出，第一，建立重点产业和重点市场知识产权保护机制；第二，建立重点企业知识产权保护直通车制度；第三，加快建设完善知识产权维权援助机制；第四，推进知识产权提质增量；第五，建立高新区和孵化器知识产权综合服务平台；第六，加强专利预警导航和引导企业建立专利联盟；第七，加强知识产权金融服务；第八，完善知识产权成果处置和收益分配办法；第九，推进知识产权培训基地建设①。

《广东省建设引领型知识产权强省试点省实施方案》要求“全面贯彻党的十八大和十八届二中、三中、四中、五中全会精神，紧紧围绕创新驱动发展战略布局，以深化知识产权体制机制改革为动力，以加强知识产权保护和运用为重点，以优化知识产权公共服务为基础，着力破解制约创新发展的突出问题，着力完善激励和保护创新的法制环境，着力打造大众创业、万众创新的支撑体系，积极探索知识产权服务创新发展新路径，努力创建引领型知识产权强省，为我省实现‘三个定位、两个率先’目标奠定坚实基础”。

① 广东省人民政府办公厅关于知识产权服务创新驱动发展的若干意见. http://www.heyuan.gov.cn/bmjy/hyskxjsj/zcfg/content/post_297359.html.

重点任务在于打造知识产权改革创新引领省、构建知识产权大保护工作格局、打造知识产权推进转型升级引领省、打造知识产权服务外向型经济引领省、打造知识产权服务业发展示范省。

9.2.3 粤港澳大湾区概念形成阶段

2017年之后，是粤港澳大湾区概念形成阶段，也是三地合作政策的繁荣时期。2017年7月1日，国家发展改革委、广东省人民政府、香港特别行政区政府和澳门特别行政区政府联合签署了《深化粤港澳合作 推进大湾区建设框架协议》（简称《协议》），为三地协同合作、共同推进粤港澳大湾区建设奠定了基础。①

《协议》提出要“强化广东作为全国改革开放先行区、经济发展重要引擎的作用，构建科技、产业创新中心和先进制造业、现代服务业基地；巩固和提升香港国际金融、航运、贸易三大中心地位，强化全球离岸人民币业务枢纽地位和国际资产管理中心功能，推动专业服务和创新及科技事业发展，建设亚太区国际法律及解决争议服务中心；推进澳门建设世界旅游休闲中心，打造中国与葡语国家商贸合作服务平台，建设以中华文化为主流、多元文化共存的交流合作基地，促进澳门经济适度多元可持续发展。努力将粤港澳大湾区建设成为更具活力的经济区、宜居宜业宜游的优质生活圈和内地与港澳深度合作的示范区，携手打造国际一流湾区和世界级城市群”。

2019年2月18日，中共中央、国务院印发《粤港澳大湾区发展规划纲要》，②其中在优化区域创新环境方面，要求强化知识产权保护和运用，进一步明确了粤港澳三地近期至2020年及远期至2035年的发展方向。

《粤港澳大湾区发展规划纲要》提出，“依托粤港、粤澳及泛珠三角区域知识产权合作机制，全面加强粤港澳大湾区在知识产权保护、专业人才培养等领域的合作。强化知识产权行政执法和司法保护，更好发挥广州知识产权法院等机构作用，加强电子商务、进出口等重点领域和环节的知识产权执法。加强在知识产权创造、运用、保护和贸易方面的国际合作，建立完善知识产权案件跨境协作机制。依托现有交易场所，开展知识产权交易，促进知识产权的合理有效流通。开展知识产权保护规范化市场培育和‘正版正货’承诺活动。发挥知识产权服务业集聚发展区的辐射作用，促进高端知识产权服务与区域产业融合发展，推动通过非诉讼争议解决方式（包括仲裁、调解、协商等）处理知识产权纠纷。充分发挥香港在知识产权保护及相关专业服务等方面具有的优势，支持香港成为区域知识产权

---

① 深化粤港澳合作 推进大湾区建设框架协议. https://mp.weixin.qq.com/s/5j2tvbpeGY2uPH12wm4HuQ.

② 粤港澳大湾区发展规划纲要. http://www.gov.cn/zhengce/2019-02/18/content_5366593.htm#3.

贸易中心。不断丰富、发展和完善有利于激励创新的知识产权保护制度。建立大湾区知识产权信息交换机制和信息共享平台”。

《粤港澳大湾区发展规划纲要》提出，“到 2035 年，大湾区形成以创新为主要支撑的经济体系和发展模式，经济实力、科技实力大幅跃升，国际竞争力、影响力进一步增强；大湾区内市场高水平互联互通基本实现，各类资源要素高效便捷流动；区域发展协调性显著增强，对周边地区的引领带动能力进一步提升；人民生活更加富裕；社会文明程度达到新高度，文化软实力显著增强，中华文化影响更加广泛深入，多元文化进一步交流融合；资源节约集约利用水平显著提高，生态环境得到有效保护，宜居宜业宜游的国际一流湾区全面建成”。

9.2.4　粤港澳大湾区政策总结

《粤港澳大湾区发展规划纲要》是宏观政策，需要有一系列科学、合理的措施以落实大湾区的建设。目前广东省已经发布了《中共广东省委 广东省人民政府关于贯彻落实〈粤港澳大湾区发展规划纲要〉的实施意见》《广东省推进粤港澳大湾区建设三年行动计划（2018—2020 年）》《关于知识产权服务创新驱动发展的若干意见》《广东省建设引领型知识产权强省试点省实施方案》等一系列配套文件，然而并没有直接针对大湾区知识产权运用和保护协同机制出台具体政策措施。要实现粤港澳大湾区的共同繁荣，需要解决现存的问题。

9.3　知识产权保护协作的主要问题

9.3.1　粤港澳大湾区区际知识产权保护对接政策有待加强

粤港澳大湾区内部三大法域的知识产权保护方式的不同，导致了湾区内知识产权保护的对接存在一定的障碍。我国内地实行知识产权司法保护和行政保护的双轨制，知识产权侵权可以通过司法途径解决，当侵犯知识产权的行为危害公共利益时，知识产权行政执法可以介入维护市场竞争秩序。在香港地区，知识产权侵权则一般通过司法途径，以禁令、损害赔偿等方式获得救济。澳门地区的知识产权侵权救济途径虽也包括行政保护与司法保护，但澳门地区在知识产权方面所采取的行政保护是一种相对的保护，行政执法部门的职能主要为预防、打击及遏制侵权行为。知识产权人可通过澳门海关及其他有权限的实体采取相应行动来保护其权利。司法保护仍是获得专利侵权救济的最主要途径，知识产权人可通过司法机关的审判程序解决知识产权的纷争，防止知识产权受侵害。在这样的三地知识产权司法差异环境下，对接三地知识产权的政策起到重要的作用，但目前相关对接政策仍未完善。

9.3.2 粤港澳大湾区知识产权政策互认及协调问题

目前，尽管推进粤港澳大湾区建设的政策涉及多个方面，尤其应加强对知识产权的重视，但是多法域区际知识产权冲突仍然是阻碍政策落地的难题。粤港澳大湾区珠三角九市和香港特别行政区及澳门特别行政区在知识产权的权利授予条件、授予程序等确权制度上存在一定的差异。这是由于知识产权的地域性在维持政策性取向、保留文化多元性的同时也引发了不同法域之间的区际知识产权法律冲突。尽管有相应的延伸保护机制，但是这些制度差异仍会导致在某一地区可以获得智力成果的知识产权，在另一地区却无法获得相应的知识产权。虽然，消除该障碍的最终路径是实现统一实体法，然而由于内地与香港、澳门地区的知识产权立法差异、历史背景不尽相同，要实现实体法统一并不容易。因而在现阶段，通过政策互认和协调实现三地知识产权合作联动是一个较优的选择。粤港澳大湾区是一个区域分属不同关税区，拥有不同法律制度、贸易制度安排以及不同的行政体系。这就要求推动大湾区的知识产权政策协调，实现三地知识产权合作联动、优势互补、协调发展。①

9.3.3 粤港澳三地知识产权民间发展差异导致政策落地难

粤港澳三地对于法治的观念存在较大的差异。对于我国来说，知识产权法律的出现可追溯到 1980 年加入世界知识产权组织，政府部门相继制定了商标法、专利法、技术合同法、著作权法、计算机软件保护条例等，从而形成了完整的知识产权法律保护体系。②

在知识产权制度的完善程度上，香港特区政府在三地中显得最为突出。如在香港，由香港知识产权署确立的知识产权制度能鼓励创新并符合其作为国际贸易和金融中心的地位，保护知识产权即保护人的创意。目前香港有独立的知识产权法律保护制度，制定的知识产权法律条例包括：商标条例、专利条例、版权条例、产品说明条例、外观设计注册条例、集成电路布图设计条例、防盗用版权条例等。而澳门法律比较特殊一些，在正式回归之前，澳门直接延伸适用葡萄牙有关知识产权的法律，在回归之后则规定，凡是曾经延伸适用葡萄牙法典的法律必须经过立法程序后才可适用，并作重新颁布。然而，总体而言，澳门知识产权有关法律制度仍然未趋于完善，此外，由于法律传统的不同，粤港澳法律文化也有差异，英美法系既注重实体公正，又注重程序公正，主张自己权利的不可侵犯。因此在

---

① 卢纯昕. 2019. 粤港澳大湾区知识产权创新协同机制研究. 中国发明与专利，(6)：10-15.

② 李广辉，张晓明. 2009. 粤港澳知识产权法律制度研究比较. 国际经贸探索，(6)：27-31.

香港，普通大众的维权意识很强。我国内地与香港、澳门在知识产权观念层面上的差异还与公共权力与个人权力的配置等有密切关系，而这些观念的差异将是阻碍政策落地的一大问题。

9.4　知识产权保护协作的政策建议

9.4.1　逐渐统一粤港澳三地执法尺度与保护标准

1. 在广东省内部实现行政机关与司法机关的协同

我国内地实行知识产权“行政—司法”双轨保护制，在司法实践中存在着司法保护与行政保护衔接不畅、标准不一的现象。在广东省内，这一问题也较为显著。在实现粤港澳三大地区的知识产权保护协调联动前，必须先统一广东省内部的知识产权执法标准，做好行政机关与司法机关之间的协调联动。首先，厘清司法机关与行政机关各自的职责范围。在知识产权保护工作中应坚持以司法机关为主导，将司法作为最终的裁决手段，其他部门为其提供支持。但同时也不应弱化行政机关的地位，应当发挥其在快速制止侵权行为，维护市场正常竞争秩序上的重要作用。其次，还可以采取合作备忘录与联席会议的形式，强化行政机关与司法机关之间的交流协作，就证据收集、保存、移交以及事实认定标准、法律理解等具体事项进行探讨，各自分享办案经验。此种部门间的联动，不应停留在表面，而是应当建立内在有效的交流机制，逐步统一各部门的保护标准，提高知识产权的执法效率。最后，可以借鉴珠海市制定全国首部《珠海经济特区行政执法与刑事司法衔接工作条例》的经验，根据大湾区的发展特点以及知识产权发展现状，制定相关知识产权保护衔接工作条例，指导知识产权部门联动工作。

2. 通过政策方式调整大湾区知识产权保护水平

根据前文的论述可以看出，粤港澳大湾区在知识产权协同保护上存在的诸多问题，实际上是三地间在知识产权立法上存在着过多差异。虽然统一实体法能够从根本上解决问题，但三地分属于不同法域，在实体法层面实现统一具有较大难度，且这一过程也需要耗费较长的时间。因此，为了满足现有需要，粤港澳三地可以通过一些知识产权特别政策对各地知识产权的保护水平进行协调。2019 年 7 月 24 日，中央全面深化改革委员会第九次会议强调，支持深圳建设中国特色社会主义先行示范区，要牢记党中央创办经济特区的战略意图，坚定不移走中国特色社会主义道路，坚持改革开放，践行高质量发展要求，深入实施创新驱动发展战略，抓住粤港澳大湾区建设重要机遇，努力创建社会主义现代化国家的城市范例[①]。粤港澳大湾区作为我国改革开放与创新驱动发展的重要示范区，具有港澳独特优势和广东改革开放先行先试优势。因此，在政策层面上，粤港澳大湾区可以开展更多的创新试验。

具体而言，可以在目前已经建立的粤港、粤澳、泛珠三角的合作基础上，建立粤港澳大湾区知识产权跨境运用与保护合作新机制，推动知识产权交流合作，搭建合作平台，开展特色服务。在一些城市可以先行开展粤港澳三地知识产权政策协调试点，从实体法与程序法两个方面，对不同法域知识产权实体法与程序法的规定进行协调。知识产权的实体法协调就是对专利法、商标法和著作权法等知识产权立法中的一些关键概念进行互认统一。例如，商标使用是商标法中的核心概念，是商标存续与侵权可能性的判定因素之一。商标使用受知识产权地域性的影响，在认定时也不免打上地域性的烙印。在粤港澳大湾区内进行商标使用概念的互认，是指只要商标在其注册后的任意连续三年中，在粤港澳大湾区任一法域内的商业活动中公开、真实、合法地使用以标示商品或服务的来源，则可认定其进行了商标法意义上的使用。知识产权的程序法协调就是在国家知识产权局的指导下，大湾区三法域通过专利、商标权利申请注册费用减免、知识产权执业资格开放等制度，加强大湾区城际间的知识产权交流合作，减少由于制度政策差异带来的矛盾。

最后，不断总结试点工作取得的成效以及存在的问题，根据各地知识产权发展水平，对协调政策进行不断调整，逐步将此种政策协调方案在粤港澳大湾区内进行全面推广，减小各地在知识产权保护水平上存在的差异。在实施方式上，仍然可以采用此前粤港合作中的联席会议模式。会议可以从粤港澳三地间的知识产权知名学者、审判人员、行政执法人员、法律服务人员中选出代表，讨论粤港澳大湾区创新驱动发展以及知识产权协调联动的核心问题与具体事项，共同制定知识产权政策协调的合作规划。[②]

3. 营造粤港澳知识产权一体化的社会氛围

粤港澳三地民间对于知识产权的法治观念有一定的差异，打造大湾区知识产权协同保护机制，需要在粤港澳三地形成知识产权一体化的氛围，包括宣传部门营造舆论氛围，司法机关宣讲案例，配合舆论宣传，通过个案教育全社会；抓重大典型案件的剖析，建立关键性日常宣传机制，而不是流于形式。首先，形成知识产权保护的氛围需要社会公民具备知识产权保护的意识，尤其是在知识产权保

---

① 中央全面深化改革委员会第九次会议. https://baijiahao.baidu.com/s?id=1639946137514891268&wfr=spider&for=pc.

② 卢纯昕. 2019. 粤港澳大湾区知识产权创新协同机制研究. 中国发明与专利，(6)：10-15.

护意识较为薄弱的广东地区，每年的 4 月 26 日是世界知识产权日，可借鉴省检察院的经验做法开展“知识产权宣传周”，向社会公布上一年的十大典型案例，并邀请审理典型案例法院如广州知识产权法院、深圳中院的法官对案例进行讲解分析，结合“两微一端”（微博、微信及新闻客户端）的方式进行宣传，并在线解答公众针对案件存在的疑惑，提高全民对知识产权的认识；其次，粤港澳大湾区拥有大量高新技术企业，企业自身知识产权的维权意识薄弱，可针对高新技术企业集中的园区、企业进行知识产权强化宣传，举办知识产权保护司法论坛，邀请企业、专家学者、法官参加，重点针对实践中侵权案件较为集中的假冒商标案件进行交流；再次，针对可塑性较强的青年群体，通过开展送法进校园的方式以广东高校为起点进行试行，由省委宣传部牵头、审理知识产权案件的法官到高校内进行“由案说法”宣讲活动；最后，形成知识产权宣传保护氛围同样需要专业的就知识产权案件中技术性较强的问题进行鉴定、评估的机构，以及知识产权保护数据库的支撑，可与深圳市公标知识产权鉴定评估中心等事业单位开展合作。

9.4.2　建立更为流畅高效的知识产权沟通协作机制

1. 推进三地知识产权执法协同

近年来，在粤港知识产权合作框架下，粤港两地在知识产权执法上积极开展协作，并取得了一定的成绩。而要实现粤港澳三大法域知识产权协调联动保护，仍然要继续推广此种执法协作。未来，可以由广州知识产权法院、广东省市场监督管理局等知识产权司法行政机关牵头，与港澳知识产权署等相关机构建立大湾区司法保护、行政保护重大事项通报制度，以及大案要案会商制度、新型案件主题研讨制度等，并签订知识产权执法合作协议，共同打击粤港澳大湾区内部的知识产权侵权案件，为大湾区内部的科创企业提供更加有序的市场竞争环境，提高大湾区内部知识产权保护水平。同时，联系香港的知识产权制度，更大程度地发挥海关作为知识产权执法机关的作用，协作查处进出口贸易中的知识产权侵权行为。

除去司法与行政方面的合作外，在跨区域的知识产权案件中，大湾区还可以建立更为多元化的纠纷解决机制，如通过知识产权仲裁、专业机构调解等方式处理争议。目前，广东省一些法院的知识产权法庭，正在构建诉调对接机制，把符合特定条件的部分案件交由相关的行业协会主持调解或协助调解，实现法院审判工作与行业协会调解工作的无缝对接。在大湾区内部，也可以尝试此种调解方式，既能减少区际司法冲突对于案件处理带来的影响，也能为权利人维权提供更多、更快速的维权途径，有助于妥善解决大湾区内部的知识产权纠纷。

2. 推进三地知识产权服务建设协同

充分发挥香港在知识产权保护及相关专业服务等方面的优势，借鉴香港经验，逐步提高粤港澳大湾区的知识产权服务质量，建立起与粤港澳经济科技水平相适应的知识产权服务产业。具体而言，首先，集中培育一部分优秀民间知识产权服务机构，尤其是外向型的知识产权服务机构，减少政府机关对于知识产权服务市场的干预，并且对这些机构在人才引进、税收等方面进行扶持。其次，鼓励粤港澳三地知识产权代理、评估等法律服务机构建立资源合作共享机制，建立知识产权服务信息与人才共享平台，建立常态化的知识产权代理人实务技能培训、评价制度。最后，除去专业的知识产权代理人员外，可以由行业协会或知识产权研究会、知识产权法学会等机构牵头，将粤港澳大湾区内高新科创公司知识产权法务人员聚集起来，定期交流企业知识产权保护心得，分享行业内部知识产权保护资讯，促进企业知识产权保护水平的提升。

3. 推进三地知识产权信息交流协同

实现粤港澳大湾区知识产权协同保护，还应当努力构建知识产权信息交流与科创成果运营平台。可以依托现有的广东知识产权保护中心、横琴国家知识产权交易中心等现有的保护平台、交易平台，联合港澳地区知识产权信息机构，开发建立大湾区知识产权运用与保护信息平台，实现粤港澳三地间知识产权权利、人才、资金、转化运用、保护信息共享。在此种共享机制下，粤港澳大湾区的诸多企业科研机构、研究机构以及知名高校的研究成果将拥有更加广阔的交易运营平台，科研成果的转化率更高，知识产权对于粤港澳经济发展的促进作用也更大。只有在跨区域的知识产权运用、保护充分流动且可共享的情况下，粤港澳大湾区知识产权运用与保护合作机制才能真正地建立与运行，创新驱动发展战略在大湾区内部才能更好地落实。

建立粤港澳大湾区知识产权协同保护体系，应当立足于大湾区的现存问题以及未来发展的需要，建立粤港澳大湾区知识产权跨境运用与保护合作新机制，推动知识产权交流合作，搭建合作平台，开展特色服务，同时推进粤港澳大湾区创新资源共享、利用和保护，促进知识产权融合发展，打造具有影响力的粤港澳及“一带一路”知识产权合作品牌活动，将粤港澳大湾区建设成为我国区际知识产权合作以及创新驱动发展的示范区。

第 10 章

总结与展望

10.1 研究总结

粤港澳大湾区是继“一带一路”倡议、京津冀协同发展、长江经济带发展之后的又一重大举措，既是新时代推动形成全面开放新格局的新尝试，也是推动“一国两制”事业发展的新实践。《粤港澳大湾区发展规划纲要》强调，“深入实施创新驱动发展战略，深化粤港澳创新合作，构建开放型融合发展的区域协同创新共同体”。那么，如何界定“创新共同体”？如何促进创新要素自由流动进而打造“创新共同体”？本书聚焦以上问题，综合运用社会网络分析、文献分析、案例分析等展开研究，提出粤港澳大湾区构建创新共同体的政策思路与发展方向。

本书首先综合研判了粤港澳大湾区发展面临的国内外形势。第一，全球环境深刻调整导致创新与产业发展不确定性增强，具体表现为新冠肺炎疫情加速全球产业链供应链调整、中美矛盾上升对大湾区科技创新构成重大挑战、政策规制趋紧对创新与产业发展提出新要求。第二，国家新发展战略凸显国际科技创新中心的重要使命，具体表现为构建新发展格局需要大湾区发挥“桥头堡”作用、科技创新在经济社会发展中的全局性作用凸显、“双碳”战略加速大湾区经济社会的系统性变革。第三，区域竞争发展和大湾区城市竞合不断形塑发展新格局，具体表现为区域发展战略深刻影响区域间竞争与合作关系、香港宪制新秩序为大湾区发展带来稳定保障、澳珠区域统筹发展将成为大湾区新引擎。

在此基础上，本书也着重对创新共同体的概念和基本框架进行阐述，分析大湾区建设创新共同体的机遇和挑战。主要机遇反映在以下方面：粤港澳发展前景广阔，在中央政府和地方政府的支持下具备得天独厚的政策优势；一个国家、两种制度、三个关税区、四个核心城市，构成了粤港澳大湾区的独特格局；粤港澳大湾区积累了一定的经济发展能量，改革开放的排头兵广东和国际金融中心香港为粤港澳大湾区提供了扎实的经济发展基础；粤港澳大湾区既有传统的制造业、服务业，也有强劲的高科技产业支撑；粤港澳大湾区国际化水平领先，粤籍华人华侨影响力大，为粤港澳大湾区融入国际环境、参与国际合作提供了无可比拟的优势。大湾区建设创新共同体的主要挑战包括“一国两制”的制度壁垒、缺少法定性联盟合作机制、生产要素流动不畅、基础设施互联互通程度低和区域发展不平衡。

基于此，本书提出了粤港澳大湾区创新共同体建设目标和路径。粤港澳大湾区一体化发展的战略目标包括推动港澳全面融入国家发展大局、促进国家经济发展转型的新引擎和支撑国家参与国际竞争的新枢纽，粤港澳大湾区创新共同体建设的基本思路是：围绕协调发展理念，强化顶层设计；打破三地行政壁垒，完善制度架构；建立专门合作机构，优化运营机制；推进统筹协调机制，推进要素流动。为推动粤港澳大湾区从区域协同走向一体化发展，加快建立创新共同体。本书认为，大湾区可分“四步走”实现总体战略目标：到 2025 年，以湾区内地单边开放推动粤港澳大湾区科技创新与新兴产业资源有效衔接；到 2030 年，在科技创新与新兴产业发展部分领域实现粤港澳三地双边开放；到 2035 年，以科技创新与新兴产业一体化为引领推动粤港澳大湾区创新共同体建设取得实质成效；到 2050 年，全面推动粤港澳大湾区经济社会的一体化，实现无边界的大湾区。

本书的第 4 章至第 9 章重点阐述了如何围绕“跨境要素流动”来促进粤港澳大湾区建设创新共同体，包括六大举措：新型举国体制推动大湾区一体化建设、科研人才跨境协同一体化、科研经费跨境协同一体化、科研基础设施跨境开放共享、数据跨区域流动协同一体化、知识产权保护协同一体化，即紧紧围绕粤港澳大湾区领导体制、“人、财、物、数据”及知识产权等创新要素的跨境协同一体化来展开政策设计，以此进一步激发各类创新主体的活力，助力粤港澳大湾区建设国际科技创新中心，加快建设创新共同体。

第 4 章介绍了新型举国体制推动大湾区一体化建设。科技创新新型举国体制不同于传统举国体制，能有效适应国际竞争环境的变化，激发我国的科技创新活力，在关键核心技术领域集中优势力量进行重点突破。本章阐述了从传统举国体制向新型举国体制转变的内涵、特点、变迁和发展，并具体分析了科技创新新型举国体制的四大构成要素：领导协调机制、资源配置机制、目标规划机制和成果应用机制。同时，指出了应用新型举国体制的思路和定位。

第 5 章介绍了科研人才跨境协同一体化。重点分析了粤港澳大湾区科研人才跨境流动的基本情况、科研人才跨境流动的政策前沿和主要问题，提出了科研人才跨境协同一体化的政策建议，具体包括：加强顶层设计，推动协同发展；创新协同机制，打通发展梗阻；强化人文融通，激发内生活力；聚焦公共服务，提升发展效益；建设载体平台，支撑人才流动。

第 6 章介绍了科研经费跨境协同一体化。重点分析了粤港澳大湾区科研经费跨境流动的基本情况、科研经费跨境流动的政策前沿和主要问题，提出了科研经费跨境协同一体化的政策建议，具体包括：加强组织领导，强化政策引领作用；加大改革力度，充分体现科研人员价值；完善运行机制，创新管理方式；健全监督机制，完善法人治理结构。

第 7 章介绍了科研基础设施跨境开放共享。重点分析了粤港澳大湾区科研基础设施跨境共享的基本情况、科研基础设施跨境共享的政策前沿和主要问题，提出了科研基础设施跨境开放共享的政策建议，具体包括：加强制度建设、强化政府作用、全面考核评价、重视人才培育和因地制宜建设等。

第 8 章介绍了数据跨区域流动协同一体化。重点分析了粤港澳大湾区数据跨区域流动的基本情况和主要问题，提出了数据跨区域流动的政策建议，具体包括：建立粤港澳大湾区数据流动对接协调机制、设计大湾区数据跨区域流动治理顶层框架、建立大湾区数据跨区域流动治理基本准则和积极打造粤港澳大湾区一体化数字市场。

第 9 章介绍了知识产权保护协同一体化。重点分析了粤港澳大湾区知识产权保护协作的基本情况、政策前沿和主要问题，提出了知识产权保护协作的政策建议，具体包括：逐渐统一粤港澳三地执法尺度与保护标准，如在广东省内部实现行政机关与司法机关的协同、通过政策方式调整大湾区知识产权保护水平、营造粤港澳知识产权一体化的社会氛围；建立更为流畅高效的知识产权沟通协作机制，如推进三地知识产权执法协同、推进三地知识产权服务建设协同、推进三地知识产权信息交流协同。

第 10 章对本书各章内容进行了总结，并提出了粤港澳大湾区创新共同体发展的研究展望。

10.2 研究展望

本书基于资源要素流动的框架提出了粤港澳大湾区创新共同体建设的思路和路径。与世界上其他湾区和国内其他区域相比，“一国两制”是粤港澳大湾区的最大特色。大湾区具有“一国”、“两制”、三个关税区、三种法律制度的特点，一方面有利于三地发挥各自所长，实现优势互补、协同发展，但同时也在客观上形成了一些体制机制障碍和问题。

目前大湾区人才、技术、资金、设备、信息、数据和样品等创新要素便捷流动还面临一定的体制机制壁垒和障碍。内地与港澳在知识产权保护、市场监管、科技金融、人才培养、成果转化、社会保障等方面还存在制度差异，科研资金过河、大型设备通关、人才税收差异、社保衔接等问题曾长期困扰科研机构和科技创新工作者。

下一步，要在粤港澳大湾区创新共同体建设的体制机制方面加强全面系统的研究，具体而言：未来需要继续坚持“一国”之本、善用“两制”之利，打破制度“藩篱”，实现统筹协调发展、开放包容共赢发展。国内和国际都没有先例，需要在“一国两制”框架下以更大的魄力不断创新和突破、先行示范，解决与发展不适应的体制机制障碍和法规制度束缚。大湾区的深度合作需要开展更高层面、更宽领域的改革试点，需要中央政府统筹部署和政策支持，完善顶层设计，以授权事项清单等方式支持大湾区先行先试。粤港澳三地应以粤港澳规则衔接为契机借鉴港澳甚至国际上最有利于科技创新的制度，着力增强科技创新能力、提升市场一体化水平，促进香港、澳门更好地融入国家发展大局，做大做强全国高质量发展动力源，全面推动粤港澳大湾区经济社会的一体化，实现无边界的大湾区。

后　记

当今世界正经历百年未有之大变局，国际环境日趋复杂，不稳定性、不确定性明显增加，新冠肺炎疫情影响广泛而深远，国际力量对比深刻调整。与此同时，新一轮科技革命和产业变革蓬勃兴起，全球科技创新进入高度密集活跃期，不断催生新技术、新业态、新模式，“碳达峰、碳中和”加速科技创新和经济社会系统性变革。科技创新正成为国际战略博弈的主要战场，围绕科技制高点的竞争空前激烈。这一系列国内外环境的变化将对粤港澳大湾区科技创新与新兴产业发展带来深刻影响。

2019 年 2 月，中共中央、国务院印发了《粤港澳大湾区发展规划纲要》，强调要“深入实施创新驱动发展战略，深化粤港澳创新合作，构建开放型融合发展的区域协同创新共同体”。2020 年 10 月，习近平在深圳经济特区建立 40 周年庆祝大会上的讲话再一次指出，“要抓住粤港澳大湾区建设重大历史机遇，推动三地经济运行的规则衔接、机制对接，加快粤港澳大湾区城际铁路建设，促进人员、货物等各类要素高效便捷流动，提升市场一体化水平”[①]。推动粤港澳大湾区从区域协同迈向一体化是国家和大湾区科技创新发展的重大议题。

基于此，本书综合研判了粤港澳大湾区发展面临的国内外形势，全面分析了大湾区建设创新共同体的机遇和挑战，提出了粤港澳大湾区创新共同体建设目标和“四步走”战略路径，并提出了促进粤港澳大湾区建设创新共同体的六大举措：新型举国体制推动大湾区一体化建设、科研人才的跨境协同一体化、科研经费的跨境协同一体化、科研基础设施跨境开放共享、数据跨区域流动协同一体化、知识产权保护协同一体化。本书由王迎军、曾志敏、胡燕娟等成员共同研究完成。其中，王迎军负责总体研究框架和写作思路设计；曾志敏负责第 1 章至第 3 章、第 10 章部分内容，撰写约 5 万多字，并对全书稿进行审校；胡燕娟负责第 4 章至第 6 章部分内容，撰写约 7 万多字；郑文杰负责第 8 章至第 9 章部分内容，撰写约 6 万多字。

本书是中国工程院–国家开发银行联合项目“粤港澳大湾区科技创新与新兴产

---

① 习近平:在深圳经济特区建立 40 周年庆祝大会上的讲话. http://www.gov.cn/xinwen/2020-10/14/content_5551299.htm.

业发展战略研究”的阶段性研究成果。粤港澳大湾区科技创新发展议题宏大、覆盖面广、发展迅速，对粤港澳大湾区创新共同体建设提出了较高的要求，也对本书的写作带来一定的挑战和难度。本书难免会有不尽如人意之处，敬请广大读者不吝批评指正。我们也将持续关注和研究粤港澳大湾区创新发展，提供更多更有价值的研究成果。